服と賢一

滝藤賢一の「私服」着こなし218

滝藤賢一

主婦と生活社

滝藤賢一「服の履歴書」

〝さよなら、さよなら、さよなら〟日曜洋画劇場の淀川長治さん、〝いやぁ映画って本当にいいものですね〟金曜ロードショーの水野晴郎さん、ゴールデン洋画劇場の高島忠夫さん――当時、小学生の私滝藤、もう夢中になって映画を観ていましたよ。そのせいでしょうか。ジャッキー・チェンの真似をしたくてキャスケットをかぶり。『ビバリーヒルズ・コップ』のエディ・マーフィの影響でスタジャンを。『バック・トゥ・ザ・フューチャー』のマイケル・J・フォックスが履いてスケボーをやっているのを観て『コンバース』を。

親にお金をもらって、1人でウキウキしながら近くの清水屋[*1]でお買い物（笑）。昔から何度も何度も試着する私は、小腹が空くと決まってスガキヤラーメン[*2]へ。名古屋っ子の青春にスガキヤは欠かせないっす。6年生の時には'80年代にめちゃくちゃ流行ったケミカルウォッシュのセットアップ。思えばこの頃から〝服好き滝藤〟は始まっていたんすねぇ。

中学生の時は空前のヤンキーブーム。漫画『ろくでなしBLUES』『今日から俺は!!』――漫画の登場人物よろしく、中坊滝藤はボンタン[*3]を普段着で履いて、足下は下駄。カランカラン音を立てて、地元の駅を徘徊していましたね。オオカミカット[*4]に短ラン[*5]、ボンタン。今振り返ってもめちゃくちゃカッコいい！　素晴らしい日本の文化。ファッションの歴史に刻まれるべきスタイルだと思うなぁ。

服への思いが開花した高校生。ファッションかエロいことしか考えてなかった時代ですね（笑）。まぁ今も大して変わりませんが。『ポール・スミス』『ビームス』『トランスコンチネンツ』……矢場町→栄→久屋大通と、暇さえあれば仲間と服屋巡り。中でも、本山にあった『ビバリーヒルズチキン』はとてつもないインスピレーションを受けたショップです。『ハリウッドランチマーケット』にどハマりしたのもこの店。今の〝服好き滝藤〟を生み出したと言っても過言ではありません。店長の神谷富雄さんは私の服の師匠ですね。

制服もボンタンから標準[*6]ブーム到来。制服のパンツの裾に切れ目を入れてベルボトム風にしたり。学校指定の真っ赤な女子用ウィンドブレーカーを制服の下に着込んで〝差し色〟にしたり。お金がなくても工夫して楽しんでいました。

ドリカムやWANDSといったJポップを歌いに連日カラオケへ。『ひとつ屋根の下』『愛していると言ってくれ』などトレンディードラマ絶頂期で、学校はドラマの話題で持ち切りでした。江口洋介さんは私の永遠のスターですよ。今ではどこにでもある『ヴィレッジヴァンガード』1号店が我が高校の近くにあり、学校をサボって入り浸っていましたね（笑）。『メンズノンノ』や『ホットドッグ・プレス』を読み漁っていました。メガネは地元のメガネ屋さんで買った真っ赤なデカい『クリスチャン・ディオール』だったし（笑）。アレ、本物だったのかなぁ……。もう服にどっぷりの高校時代でしたよ。

19歳で上京してからは、映画演出を学ぶため専門学校へ。でも、ほとんど授業には出ませんでした。映画館か、家に閉じこもって1日5本、6本と映画を観る毎日。映画『タク

シードライバー』のロバート・デ・ニーロが着ていたアビエータージャケットが欲しくて代官山へ。あのポケットの位置がめちゃくちゃカッコよくて「あそこに手ぇ突っ込みてぇー！」という衝動で漏らしそうでしたよ（笑）。『時計じかけのオレンジ』にハマってスタンリー・キューブリック作品を観まくったことも懐かしいなぁ。

'96年頃はヴィンテージデニム・ブームのピークだったと思う。木村拓哉さんが履いているのを見て「カッコいい！」と指をくわえて見ていた滝藤。『リーバイス501』のレプリカを5千円くらいで買って、来る日も来る日も軽石で生地をカリカリ擦り〝ヒゲ〟を作ったり。早く色落ちさせたくてデニムを履いたまま風呂に浸かったりもしていたなぁ。もし今、自分の子どもがそんなことしていたら目ん玉飛び出ますけどね（笑）。

21歳で仲代達矢さん主宰の無名塾に。舞台の稽古に明け暮れる日々でお金も一切なかったので入塾式に着た一張羅――『ブルーブルー』のダンガリーシャツとデニムを毎日着ていました。仲代さんのおさがりもたくさんいただきました。

22歳、初めての旅公演でいただいたギャラで買ったのは、やっぱり服。〝師匠〟神谷さんのゴリ押しで『モンクレール』のダウンジャケットを購入。スキーウエアだった『モンクレール』がファッションとして取り入れた初期の頃のダウンジャケット。当時ダウンが3万円でも「高けーっ！」と思っていた頃に7万円で買いましたからね。小便ちびりそうでしたよ。だって私の周りでは、誰も着ていませんでしたから（笑）。アレ、10年着たなぁ。

この頃、私の人生を変える映画に出会います。イギリスのポップカルチャーを象徴する

＊1
愛知県や岐阜県内に5店舗を展開する総合ショッピングセンター。

＊2
名古屋発祥の東海エリアを中心に展開する、ご当地ラーメン&甘味チェーン。

＊3
太もも部分が広く、裾がすぼまったヤンキー御用達の変形学生ズボンのこと。'80年代全盛期には一般生徒もファッションとしてはいた。

＊4
'70～'80年代に流行した、トップを短く、耳周りや襟足を長めにしてレイヤーを入れた髪型。ウルフカットとも。

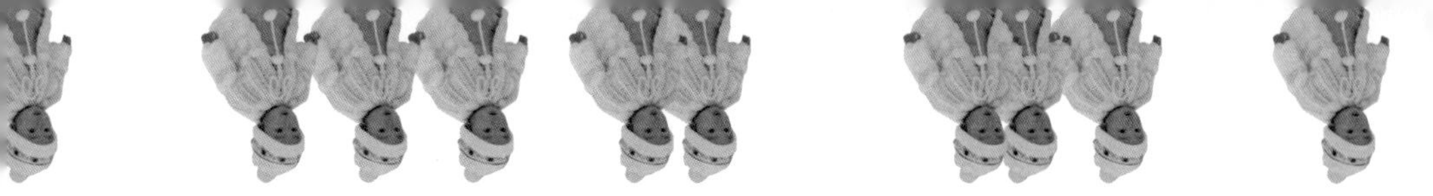

青春映画『トレインスポッティング』。ファッション、音楽、映像、すべてがブッ飛ぶカッコ良さ。特に、ユエン・ブレムナー扮する〝スパッド〟というキャラクター。刈り上げ頭にデカいサングラス、デカい襟の'70年代シャツに強烈に脳を刺激された私は、早く真似したくて高円寺や下北沢の古着屋に走りました。

邦画では『鮫肌男と桃尻女』ね。浅野忠信さんが『タケオキクチ』のブリーフ一丁で森の中を疾走している姿を観て稲妻が走りましたよ。その影響で、エッジの効いたブーメランパンツばかり履いていた滝藤、最終的にはTバックまでいきました（笑）。『さらば青春の光』でモッズに憧れ、『ベスパ』[*7]に乗りたかったのですが高くて買えず、ホンダの『ジャズ』[*8]に乗っていたなぁ。もうこの頃観た映画は私の人生のバイブルっすね。

服と芝居って似ていると思うんです。どちらも〝正解のない世界〟。俳優は100人いたら100通りの演技が生まれる。ファッションも100人いたら100人違う格好をする。そして、芝居もファッションも自分で選択できる。ファッションに関しては監督がいない分、芝居よりさらに自由。誰に何を言われることもない。赤ちゃんからお年寄りまで誰でも楽しめるんですよ！　手作りだって、古着だって、親から譲り受けたものだって、お金がなくたって楽しめる。老若男女関係なく遊べる趣味ってなかなかないと思いませんか？

毎日着るものですから、楽しんだ方が得です。人生楽しんだ者勝ち。ファッションはどんな人間に対しても平等ですから。あぁ、また名言を残してしまった……。

＊5
丈が異常に短い変形学生服の上着のこと。ボンタンとセットでキメるのが定番。

＊6
学校指定の学生服の意。'90年代に入るとボンタン文化が急速に廃れ、標準のストレートズボンがトレンドに。わざとズリ下げて〝腰ばき〟するのもお約束。

＊7
『ローマの休日』でオードリー・ヘプバーンが乗っていたイタリア製スクーター。当時、新車で30万円以上、中古でも15万円は下らず、一般的な国産スクーターとは3倍近い価格差があった。

＊8
'80～'90年代に一世を風靡したアメリカン・スタイルの50ccバイク。

滝藤賢一の着こなし10か条

1 何よりも「サイズ感」

ノーブランドだってサイズ感さえ合っていればカッコいい。

2 ショップスタッフの「ゴリ押しは買うべし」

スタッフさんの意見は大事に。
「絶対着ねぇなコレ……」と思っていても100％ヘビロテしていますから。

3 「ギリギリ」を狙う

カッコいいんだかダサいんだか、よく分からん所にいることが面白い。
誰がしてもカッコいいことは誰かにやってもらう。

4 レオパードはめちゃくちゃ「合わせやすい」

レオパードは何にでも合う。ポイントで使っても良し！
メインで使っても良し！　ブラウンだと思えば良し！

5 紫は「ネイビー」

紫はネイビーです。一見、使いにくそうな紫もネイビーだと思えば万能です。

6 柄オン柄

柄に柄を合わせることを恐れない。

7 結局、ジャージは「無敵」

ジャケットにジャージ。ジャージにスラックス。ジャージに革靴。
ジャージにジャージ。無敵アイテム、ジャージ。

8 ポケットには「何も入れない」

財布、携帯はカバンに入れる。特にパンツの形が崩れるのは嫌だ。
面倒くさくてもカバンは持つ。ダンディはやせ我慢だ。

9 アクセサリーに「意味を持たせる」

子どものイニシャルの入った指輪。
子どもの生まれ年に製造された腕時計。

10 服は「ガシガシ洗う」

洗濯できない服なんてあるのか？　形が崩れたっていいじゃない。余計愛着が湧く。

Takito's

10 articles of fashion

Takito's cool outfits for

January to March

2021/1/5 @麹町

あけましておめでとうございます。滝藤です。

年末年始の休みもあっという間に終わって、本日が仕事始め。ドラマ撮影です。新しい1年も楽しみたいと思います。今年もよろしくお願い致します。

サングラス／MOSCOT
シャツ／ENGINEERED GARMENTS
コート／NEEDLES
パンツ／NEEDLES
シューズ／NEEDLES

2021/1/6 @成城学園前

「古着を解体」してリメイクしたダッフル

『リビルド バイ ニードルズ』のダッフルはクラシックな雰囲気で大のお気に入り。コートと靴が英国テイストなのでキャップとバッグをハズしてみちゃった。

キャップ／SOUTH2 WEST8　サングラス／MOSCOT
マフラー／S.E.H KELLY　コート／REBUILD BY NEEDLES
パンツ／NEEDLES
ブーツ／ENGINEERED GARMENTS×DR.MARTENS
バッグ／SOUTH2 WEST8

『HANACHO』の社長と

2021/**1**/**11** @世田谷

滝藤賢一、趣味、植物。今日は友人の植物屋『HANACHO』をパトロール。社長が着ている『サウスツーウエストエイト』のフリースは私も持っています。

ニットキャップ／MONCLER
サングラス／MOSCOT
ネックウォーマー／patagonia
フリース／NEEDLES SPORTSWEAR
オーバーニット／ENGINEERED GARMENTS
パンツ／SOUTH2 WEST8
ブーツ／ENGINEERED GARMENTS×Danner
バッグ／ENGINEERED GARMENTS
バイク／SPECIALIZED

2021/1/12 @世田谷

「ジャージ」は重宝

ジャージなくして〝滝藤スタイル〟は語れません。仕事でも遊びでも、外でも家でも、夏でも冬でもジャージです。何より履いていて疲れない。ラクなのが一番。

キャスケット／NEEDLES
サングラス／NEEDLES
マフラー／FRANK LEDER
コート／NEEDLES
パンツ／NEEDLES
シューズ／NEEDLES

2021/**1**/**13** @世田谷

恐ろしいほど寒がりなんです、滝藤は

すでにうすうす気づいている人もいらっしゃるかもしれませんが、寒さにめっぽう弱い滝藤。コートの下に思い切りダウンジャケット着込んでます。

キャスケット／NEEDLES
サングラス／MOSCOT
コート／ENGINEERED GARMENTS
パンツ／ENGINEERED GARMENTS
シューズ／Tricker's

2021/1/14 @表参道

『Vespa』カッチョイイ!!

水玉のウールパンツは大のお気に入り！最高にぶっ飛んだアイテムでしょ。赤黒のマッキーノコートに合わせてルール無用感を楽しみました。

ニットキャップ／ENGINEERED GARMENTS
サングラス／EYEVAN
コート／ENGINEERED GARMENTS
パンツ／ENGINEERED GARMENTS
ブーツ／ENGINEERED GARMENTS×Danner
バッグ／SOUTH2 WEST8

2021/1/15 @代々木八幡

最近、「お花」に魅かれています

この『サウスツーウエストエイト』のダウンはどんな分厚いジャケットやコートの上からも着られるのでめちゃくちゃ便利。暖かくて幸せになります。

キャップ／SOUTH2 WEST8
サングラス／MOSCOT
ニット／SOUTH2 WEST8
シャツブルゾン／SEVEN BY SEVEN
ダウンジャケット／SOUTH2 WEST8
グローブ／NEEDLES
パンツ／Marmot
ブーツ／ENGINEERED GARMENTS×Danner

44歳で再びキャスケット・ブーム

小学生の頃、ジャッキー・チェンに憧れて買ったキャスケット。あの時以来、32年振りのキャスケット・ブームっす。

キャスケット／NEEDLES
サングラス　MOSCOT
スカーフ／NEEDLES
レザージャケット／ENGINEERED GARMENTS
コート／ENGINEERED GARMENTS
パンツ／CANTON OVERALLS
シューズ／ENGINEERED GARMENTS×Danner

「意味のある」アクセサリーを身に着ける

1

2

1. アクセサリーブランド『M・A・R・S』の米山庸二さんと。2. 指輪やブレスレット、ネックレス……アクセサリーを身に着けるようになったのは、わりとここ最近です。アクセサリーは自分にとって〝意味のあるモノ〟を身に着けたいとずっと思っていて、このリングを『M・A・R・S』でオーダー。４人の子どものイニシャルを入れてもらいました。

2021/1/19 @成城学園前

めちゃくちゃ重い…けれどカッコよさ優先

ヴィンテージのカシミアストールを『セブンバイセブン』がリメイクしたコート。ヴィンテージストールとウールメルトンを合わせた生地は1つ1つ違った表情を生むから面白い!

ハット/NEEDLES　サングラス/MOSCOT
ダウンベスト/SOUTH2 WEST8
コート/SEVEN BY SEVEN
パンツ/NEEDLES
シューズ/ENGINEERED GARMENTS×DR.MARTENS

2021／1/20 @世田谷

ぶらり街歩きにはコーヒーがマスト

今日何気なく入ったコーヒースタンドの店員さんが、私がよく行く渋谷のカフェでアルバイトをしていた方でビックリ！

キャスケット／NEEDLES
サングラス／NEEDLES
ニット／S.E.H KELLY
ベスト／ENGINEERED GARMENTS
コート／S.E.H KELLY
パンツ／ENGINEERED GARMENTS
ブーツ／ENGINEERED GARMENTS×Danner
グローブ／UGG

2021/1/25 @八丁堀

すべてのアイテムが主役

『ニードルズ』の蝶柄のパンツにレオパード裏地のコート。そこに赤色を投入。喧嘩しまくってサイコーでしょ。

ハット／ENGINEERED GARMENTS
サングラス／NEEDLES
ニット／NEEDLES
カーディガン／NEEDLES
シャツ／NEEDLES
コート／SOUTH2 WEST8
パンツ／NEEDLES

2021/1/26 @世田谷

いただきモノの『アルマーニ』のコートで

あれ？　何か今日はいつもと違うような気が……。わかったぞ！　柄だ！　色だ！　シンプル・イズ・ベスト。

ハット／NEEDLES
サングラス／EYEVAN7285
シャツ／S.E.H KELLY
ニット／S.E.H KELLY
コート／ARMANI
グローブ／UGG
パンツ／CANTON OVERALLS
シューズ／ENGINEERED GARMENTS ×Tricker's

2021/1/27 @高円寺

高円寺へ衣装の打ち合わせに

よく行く服屋『ネペンテス東京』の〝山ちゃん〟こと山﨑徹君と一緒に、高円寺の古着屋へ。今度のテレビ番組出演の時の衣装を打ち合わせしつつ服探し。

ハット／ENGINEERED GARMENTS
サングラス／MOSCOT
ジャケット／NEEDLEES
パンツ／NEEDLES
シューズ／NEEDLES

2021／1／28 @表参道

雪の日に撮影なんて…なんてロマンチックなんだ

表参道の『モスコット』へサングラスのレンズ交換に。やけに暗くて寒いと思ったら、あっという間に雪が本降りに。

ハット／NEEDLES
サングラス／GUCCI
ダウンジャケット／ENGINEERED GARMENTS
コート／ENGINEERED GARMENTS
グローブ／SOUTH2 WEST8
オーバーオール／ENGINEERED GARMENTS
ブーツ／WHITE'S BOOTS

2021/2/2 @世田谷

「ザ・滝藤」なセットアップ

ジャージのセットアップは〝ザ・滝藤〟な格好ですね。誰もそう言ってくれないから私が勝手にそう言ってるだけですけど（笑）。

ハット／NEEDLES
サングラス／GUCCI
セットアップ／NEEDLES
コート／NEEDLES
シューズ／GUCCI
リング／M·A·R·S

2021／2／3 @銀座

妻のお義母様にいただいたスカーフ

昔、ウチのママのお義父様がイタリア出張の際にお義母様にお土産で買ってきた『ミッソーニ』のスカーフ。受け継がせていただきます！

ハット／NEEDLES
サングラス／GUCCI
スカーフ／MISSONI
シャツ／ENGINEERED GARMENTS
ベスト／ENGINEERED GARMENTS
ジャケット／RANDT
コート／ENGINEERED GARMENTS
パンツ／NEEDLES
シューズ／GUCCI

2021/2/5 @表参道

ジャージには「革靴」

ジャージは大人っぽく履きたい。だから足下は革靴派っすね。

ハット／ENGINEERED GARMENTS
グラス／MOSCOT
ハイネック／NEEDLES
スカーフ／ETRO
ブルゾン／NEEDLES
パンツ／NEEDLES
シューズ／Nepco Footwear
バッグ／NEEDLES×AMARILLO
リング／M·A·R·S
リング(スカル)／POLKADOT

2021/2/8 @外苑前

もっと高く飛んだつもりだったのに…
歳とったなぁ

この日のニットはペルーのアルパカ・ニット。この色と柄が地味に気に入っています。私が想像するダンディーの一種ですね。

ハット／ENGINEERED GARMENTS
グラス／MOSCOT
スカーフ／ETRO
ニット／RAFFA MOLINA
ブルゾン／ENGINEERED GARMENTS
パンツ／CANTON OVERALLS
シューズ／GUCCI

2021/2/9 @世田谷

ピンズが落ちないことを祈る

ピンズは、このニットとセットのモノ。
さらにヴィンテージビーズで作られた大ぶりのブローチもどさくさ紛れに。

キャップ／SOUTH2 WEST8
サングラス／MOSCOT
マフラー／ENGINEERED GARMENTS
ニット／Children of the discordance
ピンズ／Children of the discordance
ブローチ(ピアノ)／maison des perles
パンツ／oblekt
シューズ／ENGINEERED GARMENTS×Danner

2021/2/11@神泉

『LINDBERG Ⅵ』のジャケみたいでしょ?

上下、大胆な〝切り替えし〟同士のスタイリングはいかがでしょうか?

ハット/ENGINEERED GARMENTS
サングラス/GUCCI
ニット/NEEDLES
カーディガン/NEEDLES
ブルゾン/SEVEN BY SEVEN
パンツ/SEVEN BY SEVEN
シューズ/GUCCI
ネックレス/POLKADOT

あぁ、高円寺にハマってしまった…

今まで見向きもしなかったハイブランドの古着。なんてBeautifulなんだ……。また新しいステージに行ってまいります。これだから服はやめられない。

ハット／NEEDLES
サングラス／MOSCOT
スカーフ／ETRO
ニット／NEEDLES
カーディガン／NEEDLES
ジャケット／NEEDLES
コート／Penneys TOWNCRAFT
パンツ／NEEDLES
シューズ／GUCCI

2021/2/15 @みなとみらい

遊び心満載!

ニットカーディガン、スウェットは『セブンバイセブン』とイラストレーター・下田昌克氏のコラボレーション・アイテム。

キャップ/SOUTH2 WEST8
サングラス/MOSCOT
スウェット/SEVEN BY SEVEN
カーディガン/SEVEN BY SEVEN
パンツ/NEEDLES
シューズ/NEEDLES×Tricker's

2021/2/17 @池袋

あぁ…ヨダレが止まんねぇ

植物専門店『鶴仙園』に。店内に置いている植物もすごいが、何より親身になって相談に乗ってくれるスタッフの方々に魅かれます。

ハット／ENGINEERED GARMENTS
サングラス／MOSCOT
スカーフ／ETRO
ニット／NEEDLES
ベスト／Ortega's
レザージャケット／WILLIS&GEIGER
パンツ／NEEDLES
シューズ／Nepco Footwear

植物もファッションも、どこまで私を楽しませてくれるんだ…

私、滝藤の多趣味はこの〝Plants〟から始まったと言っても過言ではない。それまで無趣味で〝家族と芝居だけ〟だった私を夢中にさせてくれたPlants達。美しいモノに囲まれて生きる喜び——こんな素敵な生き物達と人生を共に出来るなんて、どんだけラッキーなんだ。気づいたらウチのバルコニーには、数百鉢ものPlantsが溢れている。何人たりとも、Plantsと私を引き離すことはできないぜ！

2021/2/18 @表参道

もう2年、名古屋に帰ってないなぁ…

名古屋のセレクトショップ『BEVERLY HILLS CHICKEN』の神谷富雄さん。高校生の時から通っているので、もう30年の付き合い。

ハット／ENGINEERED GARMENTS
サングラス／MOSCOT
スカーフ／ETRO
シャツ／Charvet
ベスト／Ortega's
ジャケット／NEEDLES
パンツ／NEEDLES
シューズ／NEEDLES×Tricker's
ブローチ／maison des perles

2021/2/22 @お台場海浜公園

結局、自己満足の世界ですから

『ルイヴィトン』のダミエ柄、大好きなんです。ただ、このパンツ履いていても誰もそれだとは気づいてくれない（泣）。

ハット／ENGINEERED GARMENTS
サングラス／NEEDLES
ハイネック／NEEDLES
カットソー／NEEDLES
ブルゾン／NEEDLES SPORTSWEAR
パンツ／LOUIS VUITTON
シューズ／Nepco Footwear
ネックレス／POLKADOT

2021/2/23@代々木八幡

「紫はネイビー」で普段使い

紫は滝藤の“ラッキーカラー”。コーディネートの中に1つは入れることも多いんですが、そもそも私の中では紫＝ネイビーという扱い。みんながネイビーを普段使いするように、私は紫を使いたいのですよ。

キャスケット／NEEDLES
サングラス／MOSCOT
ニット／NEEDLES
カーディガン／NEEDLES
スカーフ／NEEDLES
パンツ／NEEDLES
シューズ／NEEDLES×Tricker's
ネックレス／POLKADOT
リング／M·A·R·S

6連リングには「家族への愛」を込めて

コレは結婚10周年記念で作った指輪。この10年でMy familyはママと子ども４人の６人になりました。家族１人1人への愛を込めて、６本の細いリングを組み合わせたデザインに。『M・A・R・S』の米山さんに色々無理を聞いてもらって完成した私の宝物です。

2021 / 2 / 24 @鴨居

サイコーの笑顔だねぇ

ハット／ENGINEERED GARMENTS
サングラス／GUCCI
ニット／NEPENTHES
ブルゾン／ENGINEERED GARMENTS
オーバーオール／ENGINEERED GARMENTS
シューズ／ENGINEERED GARMENTS×Danner

仕事で農園へ。スペイン産オリーブやコルク樫の存在感もすごいけれど、有田君の笑顔には敵わんよ。

2021/2/25 @武蔵関

ニットなのか階段なのか…それが問題だ

モヘア・カーディガンに開襟シャツは滝藤定番の秋冬スタイル。

ハット／SOUTH2 WEST8
サングラス／MOSCOT
シャツ／NEEDLES
ニット／NEEDLES
ブルゾン／SEVEN BY SEVEN
パンツ／NEEDLES
シューズ／Nepco Footwear

2021／2／26 @高円寺

高円寺『TRUNK』にスーツを探しに

外に出かけず誰にも会わない日でも、スーツを部屋着にして一日過ごすこともあります。服を自分のモノにするには、とにかく着ることが一番だと信じています。

サングラス／GUCCI
ハイネック／NEEDLES
カーディガン／NEEDLES
スーツ／SARTORIA PARTENOPEA
シューズ／TANINO CRISCI

2021/2/26 @高円寺

映画『フェイク』のアルパチーノっぽくないすか？

本日2着目。60年代あたりのコートは、イギリス王室御用達の『アクアスキュータム』。こんなコートが似合うオッサンになりたい。

ハット／HERMES
サングラス／GUCCI
スカーフ／ETRO
ハイネック／NEEDLES
ジャケット／NEEDLES
コート／Aquascutum

2021/3/1@原宿

男のスカーフは「騒がしすぎず大人しすぎず」

このところスカーフ、たまらんです。これは『エルメス』のヴィンテージですが、派手でもなくさりとて地味でもなく。しばらくスカーフ使いを研究しようと思います。

ハット／ENGINEERED GARMENTS
サングラス／MOSCOT
スカーフ／HERMES
タートルネック／NEEDLES
ベスト／Ortega's
ジャケット／S.E.H KELLY
パンツ／NEEDLES
シューズ／EDWARD GREEN

2021/3/3@世田谷

ダイヤ柄を身生地とフラットにつないだ職人技

オリジナル柄デニムとヴィンテージピースを組み合わせた小ぶりな巾着。このサイズは使いやすい！

ハット／HERMES
サングラス／MOSCOT
ニット／NEEDLES
ブルゾン／SEVEN BY SEVEN
パンツ／NEEDLES
シューズ／NEEDLES×Tricker's
バッグ／SEVEN BY SEVEN
リング／M·A·R·S
リング（青）／VINTAGE

2021/3/4 @秦野

「枯れ」の美学

この植物〝スプラフォリアータ〟は25年モノ！　下葉が何層にも枯れ込んでまるでミルフィーユ。これぞ〝枯れの美学〟ですよ。

キャップ／SOUTH2 WEST8
サングラス／MOSCOT
ニット／NEPENTHES
ダウンパーカー／ENGINEERED GARMENTS
フリース／SOUTH2 WEST8
パンツ／ENGINEERED GARMENTS

2021/**3/5** @外苑前

袖ベルトが…ない！のは気のせいじゃない

Oh my gosh! コートの右の袖ベルトがなくなってるよ！　撮影序盤はちゃんとあったから、どこかでスルッと落ちちゃったんだなぁ。外苑前で道端に袖ベルト落ちてるのを見つけた方、それ私のです。ご連絡ください。

ハンチング／Jonathan Richard
サングラス／GUCCI
スカーフ／MISSONI
ハイネック／NEEDLES
カーディガン／NEEDLES
コート／Children of the discordance
パンツ／ENGINEERED GARMENTS
シューズ／GUCCI

2021/3/5 @外苑前

カフェオレ・ボウルっていうのコレ？
洒落てんなぁ

俺はめちゃくちゃ甘党なんです。ケーキもチョコも好きだし、甘いカフェオレなんかも飲むんだぜ。でもこのボウルに入ったのは初めて。より美味しく感じるのが不思議だ……。さすが港区だねぇ。

ハット／HERMES
サングラス／GUCCI
ハイネック／NEEDLES
カーディガン／NEEDLES
フリース／NEEDLES SPORTSWEAR
ネックレス／POLKADOT
リング／M·A·R·S
リング（スカル）／POLKADOT

2021/3/8 @上野

私の「好き」なんてまだまだ甘かった…

国立科学博物館でのロケ。恐竜や植物について、研究者の先生方に解説をしていただいたけれど、生きモノの凄さに驚くばかり。でもそれ以上に先生方の筋金入りの"生物愛"にただただ驚くばかり。

ハット／M·A·R·S×KIJIMA TAKAYUKI
サングラス／NEEDLES
シャツ／SEVEN BY SEVEN
ネクタイ／ENGINEERED GARMENTS
ベスト／ENGINEERED GARMENTS
ストール／ENGINEERED GARMENTS
ジャケット／NEEDLES
リング／M·A·R·S
ネックレス／POLKADOT

2021/3/9 @北参道

男子は恐竜大好きっすから

ポケットに手を入れると恐竜の
全身骨格が現れた!!

サングラス／NEEDLES
ハイネック／NEEDLES
カーディガン／NEEDLES
ブルゾン／SEVEN BY SEVEN
パンツ／LOUIS VUITTON
シューズ／GUCCI

2021/3/9 @北参道

ステーキを食べました

撮影終わり、ちょうど昼時だったのでスタジオ近くの美味しいステーキ屋へ。担当編集さんがご馳走してくれました。肉、好物なんです。ありがとう、主婦と生活社さん。

キャスケット／NEEDLES
サングラス／NEEDLES
ハイネック／NEEDLES
カーディガン／NEEDLES
パンツ／LOUIS VUITTON
シューズ／GUCCI

2021/3/10 @表参道

ガラスに映った〝秀和レジデンス〟。
カメラマンのセンスを感じるぜ！ ブラボー!!

アスコットタイをジャージでドレスダウン。そういう時はソックスでもこっそり遊ぶのです、滝藤は。

ハット／HERMES
サングラス／GUCCI
シャツ／NEEDLES
ジャージ／NEEDLES
パンツ／NEEDLES
シューズ／ANGELO RUFFO
リング／POLKADOT

2021/3/12 @世田谷

ひとクセある小物でポップさ演出

どれだけカッコいい歳のとり方ができるか。永遠のテーマっす。

ハット／HERMES
サングラス／GUCCI
スカーフ／ETRO
ニット／RAFFA MOLINA
レザージャケット／WILLIS&GEIGER
パンツ／NEEDLES
シューズ／Tricker's

CLOSED
Mario
No Flower, No Life
spiral market

2021/3/15 @銀座

閑散としている銀座…

銀座『トラヤ帽子店』さんの前で。早く普通に買い物ができるようになりたい。そして帽子一本でやってきた職人さんの話を聞きたいっす！

ハット／M・A・R・S×KIJIMA TAKAYUKI
サングラス／GUCCI　スカーフ／ETRO
ハイネック／NEEDLES　カーディガン／NEEDLES
ジャケット／NEEDLES　パンツ／NEEDLES
シューズ／TANINO CRISCI

2021/3/17 @赤坂

担当編集さんがスーツ姿でやってきた

カジュアルな格好しか見たことない担当編集さんが珍しく……いや初めてスーツで現場にやってきた。「著者に挨拶に行く」そうな。俺のところにはTシャツにジーパンだったじゃねえか！

サングラス／NEEDLES
ブルゾン／NEEDLES
パンツ／NEEDLES
ブレスレット／NEEDLES
リング（金・銀）／M・A・R・S
リング（スカル）／polkadot

2021/3/19 @仲町台

「わんぱく野郎」大集合

個性的なアイテム達ですが、ワントーンでまとめると意外と落ち着いた印象になったなぁ。帽子のリボンに合わせて靴は黒をチョイス。

ハット／HERMES
サングラス／GUCCI
タートルネック／NEEDLES
シャツ／FRANK LEDER
ジャージ／NEEDLES
パンツ／NEEDLES
シューズ／GUCCI
ネックレス／M・A・R・S

2021/**3/23** @大泉学園

Trust me! 「紫＝ネイビー」

大事なことだから2度言います。紫はネイビーです。ネイビーのように、どんな色にも合わせやすい色なんです。ぜひみなさんも〝紫＝ネイビー〟だと思い込んで着てみてください。

キャスケット／GINZA TORAYA
サングラス／NEEDLES
ハイネック／NEEDLES
カーディガン／NEEDLES
ジャケット／ENGINEERED GARMENTS
パンツ／NEEDLES
シューズ／NEEDLES

2021/3/24 @乃木坂

絶対的な信頼「タイダイ」

コーディネートに元気が欲しい時、〝タイダイ〟に丸投げします（笑）。都会的なコーディネートに合わせてアンバランス感を楽しむ男――その名は滝藤賢一。

ハット／MARONE
サングラス／NEEDLES
カットソー／NEEDLES
ブルゾン／ENGINEERED GARMENTS
パンツ／SARTORIA PARTENOPEA
シューズ／ENGINEERED GARMENTS×Tricker's

2021/3/26 @世田谷

三男は4兄妹で「一番甘えん坊」

今日は末っ子のチアリーディング発表会に家族みんなで応援に。上3人が男の子で一番下が女の子なんだけれど、三男坊が一番甘えん坊かもしれません。気分屋でかわいいヤツです。

ハット／MARONE
サングラス／MOSCOT
Tシャツ／Meticulous Knitwear
カーディガン／NEEDLES
パンツ／ENGINEERED GARMENTS
シューズ／EDWARD GREEN
リング／POLKADOT
ネックレス／POLKADOT

ボーイズ３人は育ち盛りでお米
をよく食べます。彼らの大好物？
広瀬アリスちゃんです。

2021/3/29 @外苑前

死ぬまで「ロールアップ」宣言

もう何年も、暖かくなると足下は〝ロールアップ〟しているなぁ。そういえば『グッチ』のローファーにラバーソールを考えたのはたしかトム・フォード先輩でしたかね。ワードローブに欠かせない名品でございます。トム・フォード先輩、Thank you so much！

ハンチング／GINZA TORAYA
サングラス／GUCCI
スカーフ／MISSONI
シャツ／ENGINEERED GARMENTS
ジャケット／ENGINEERED GARMENTS
パンツ／MASTER&Co.
シューズ／GUCCI

2021/3/30 @世田谷

滝藤、『ボルサリーノ』に恋しました

いやぁ……最近手に入れた『ボルサリーノ』のパナマ帽がめちゃくちゃカッコいいのよ。

ハット／Borsalino
サングラス／GUCCI
シャツ／Salvatore Piccolo
ネクタイ／HERMES
ベスト／LARDINI
パンツ／LOUIS VUITTON
ブレスレット／NEEDLES

Takito’s cool outfits for

January to March

Takito's cool outfits for

April to June

2021/4/1@外苑前

いつまでこんな風に歩いてくれるんだろう…

末っ子の長女とデートへ。とにかくかわいい（笑）。何しても許せちゃう。ただ、今日は娘の格好のほうがキマってて、完全に食われちゃってるのが許せない……。キィーッ!!

ハット／MARONE
サングラス／GUCCI
スカーフ／ETRO
Tシャツ／ENGINEERED GARMENTS
レザージャケット／SERAPHIN
パンツ／BLUE BLUE
シューズ／EDWARD GREEN

親子で「ロックT」

娘のTシャツはヴィンテージのロックT。プリント部分が手刺繍によってツブれて味のある表情に。贅沢だなぁ。

ハット／MARONE
サングラス／NEEDLES
Tシャツ／滝藤オリジナル・スタッフTシャツ×SEVEN BY SEVEN
パンツ／SEVEN BY SEVEN
シューズ／ENGINEERED GARMENTS×KEEN

2021/4/4 @羽田空港第1ターミナル

「プラントハンター滝藤」行ってきます

テレビ番組のロケで奄美大島へ。1泊2日で奄美の植物を見まくれるということで楽しみしかない。

ハット／MARONE
サングラス／MOSCOT
ハイネック／NEEDLES
カーディガン／NEEDLES
パンツ／NEEDLES
シューズ／ENGINEERED GARMENTS×KEEN
バッグ／HUNTING WORLD

2021/4/6@世田谷

最後の入学式…とは言え4回目！

今日は末娘の小学校入学式。
４回目ともなると感動しないかと思いきや……泣ける。

ハット／Borsalino
サングラス／GUCCI
シャツ／BARBA
ネクタイ／HERMES
カーディガン／JOHN SMEDLEY
スーツ／SARTORIA PARTENOPEA
シューズ／JOHN LOBB
バッグ／NEEDLES×AMARILLO
リング／M·A·R·S
ネックレス／POLKADOT

2021/4/7@東京テレポート

写真は「ファーストテイク」が良かったりする

毎回200～500カット……多い時は1000カット近くああでもないこうでもないと撮るんだけれど、結局、最初の写真が一番良かったりする。今日は2時間かけて800カット、撮りましたが、選んだのは撮影始まって2分のカットでした。

ハット／Borsalino
サングラス／GUCCI
シャツ／NEEDLES
カーディガン／NEEDLES
パンツ／NEEDLES
シューズ／Nepco Footwear

2021/4/12 @世田谷

ルールの精神を大切にしつつ ルールを着崩すのも大人の楽しみ方

俳優は〝正しい作法〟を知っておくことも大事。『トラヤ帽子店』の方に教えてもらったのだけれど、正しいかぶり方があるそうです。トップの凹んだ部分を持ってかぶるのは「帽子の曲線を痛める」のでNG、両手でツバの前後を持ってかぶるのが正解だそう。これがお芝居の中でザッとできると「滝藤、わかってるじゃん」ということになるからね。

ハット／Borsalino
サングラス／NEEDLES
スカーフ／ETRO
カットソー／JOHN SMEDLEY
ベスト／LARDINI
パンツ／NEEDLES
シューズ／EDWARD GREEN

2021/4/13 @世田谷

全身総柄でも存在感の「チマヨ」がいいぞ

ネイティブ・アメリカンの伝統的な柄〝チマヨ〟のベストは高円寺の古着屋『TRUNK』で手に入れたモノ。上から下まで〝全身総柄〟の中でも光ってますね。面白い。

ハット／Borsalino　サングラス／GUCCI
スカーフ／ETRO　ベスト／Ortega's
カーディガン／NEEDLES　パンツ／NEEDLES
シューズ／ANGELO RUFFO

2021/**4**/**14** @外苑前

オペラ・パンプスを「普段履き」

クラシックなアイテムに漂う〝品〟に魅かれて収集中。カジュアルなコーディネートに小物でクラシックを差し込む楽しみが増したね。

ハット／Borsalino
サングラス／MOSCOT
シャツ／NEEDLES
カーディガン／Sasquatchfabrix.
パンツ／NEEDLES
シューズ／Brooks Brothers

2021/4/16 @銀座

交差点で女性警官の鋭い視線

信号待ちしていたら、すぐ横で交通整理していた女性警官の方が表情を一切変えずに小声で「ドラマ見ています。頑張ってください」って。「今撮影中なんだけれど一緒に写真撮る?」って言ったら「ダメです!」と少しだけ笑ってくれました。お勤め、ご苦労様です!

ハット/HERMES
サングラス/MOSCOT
スカーフ/ETRO
ベスト/Ortega's
ジャケット/BELVEST
パンツ/ENGINEERED GARMENTS
シューズ/NEEDLES×Tricker's

なんて幸せな人生なんだ

またしても植物の仕事。最近、俳優やってないなぁ（笑）。好きなモノに囲まれて生きていけるなんて。神様、ありがとう。

ハット／MARONE
サングラス／MOSCOT
シャツ／ENGINEERED GARMENTS
ジャケット／ENGINEERED GARMENTS
パンツ／ENGINEERED GARMENTS
シューズ／NewBalance
ブレスレット／NEEDLES
ウォッチ／ROLEX

2021/4/22 @外苑前

折って結んで「動き」「立体感」を作る

きれいなブルーのシャツは袖を折り込んで裾は結んでみたりして。遊びは大事っす。

ハット／MARONE
サングラス／NEEDLES
スカーフ／GUCCI
シャツ／Charvet
ベスト／LARDINI
パンツ／St.Michael
サンダル／ENGINEERED GARMENTS×KEEN

2021/4/23 @北参道

「アケミママ」昼下がりのお散歩

つい先日、ドラマでやったスナックのママ“アケミちゃん”気分で。

キャスケット／GINZA TORAYA
サングラス／GUCCI
カットソー／NEEDLES
カーディガン／NEEDLES
パンツ／NEEDLES
シューズ／NEEDLES×Tricker's

2021/4/26 @表参道

『ジョンスメドレー』の着心地ったら！

紫にピンクを使ったニットカーディガンはお気に入りの1枚。着る頻度が高くなってしまうので、そういう時は、ほかのアイテムを主役にしたりして気持ちを新鮮にしてます。

ハット／Borsalino
サングラス／GUCCI
スカーフ／GUCCI
シャツ／ENGINEERED GARMENTS
ベスト／HERMES
カーディガン／JOHN SMEDLEY
パンツ／LOUIS VUITTON
シューズ／TANINO CRISCI

ターコイズ1本で無限の可能性

ジャージはとにかく履いていて疲れない。特にターコイズカラーはお気に入りでヘビロテっす。飽きないのが不思議だ。

キャスケット／GINZA TORAYA
サングラス／NEEDLES
シャツ／ENGINEERED GARMENTS
ベスト／ASFALTO
パンツ／NEEDLES
サンダル／NEEDLES×SUICOKE
バングル／NEEDLES

2021/5/2@世田谷

憧れのスタイル！

シアサッカーのセットアップは俳優・光石 研さんインスパイアです。光石さんのようにサラッと着られるよう精進中です。

キャスケット／GINZA TORAYA　サングラス／GUCCI
シャツ／ENGINEERED GARMENTS　ストール／MISSONI
ベスト／ENGINEERED GARMENTS
セットアップ／ENGINEERED GARMENTS
シューズ／NEEDLES

2021／5／4 @世田谷

ゾンビドラマ気分が抜けず…

季節が動いていて、今日も暑いんだか寒いんだかわからなかったから格好も迷走。ゾンビに追い詰められた首藤教授。

ハット／Borsalino
サングラス／NEEDLES
タンクトップ／HOLLYWOOD RANCH MARKET
ブルゾン／NEEDLES
パンツ／BIGMAC60'S
シューズ／NEEDLES×Tricker's
ネックレス／POLKADOT
リング／M·A·R·S
リング（スカル）／POLKADOT
ブレスレット／YODO
ウォッチ／ROLEX

R = 2200

2021/5/5 @世田谷

「子どもの日」さぁ！ ４人まとめてかかって来なさい

ジムを借り切って子どもたちとキックボクシングへ。仕事のための体力作りということももちろんあるけれど、せめて子どもたちが高校生になるくらいまでは〝強い親父〟でいたいですからね。

ヘアバンド／THE NORTH FACE
パーカー／EVERLAST
グローブ／FIGHTING ROAD
パンツ／UNDER ARMOUR

2021/5/5 @世田谷

珍しくモノトーンの日

モノトーンの柄パンは合わせる色を選ばないので重宝します。レザーのキャスケット、アンサンブルのニット、サンダルも黒だけれど素材を変えると見た目も楽しいっす。

キャスケット／GINZA TORAYA
サングラス／NEEDLES
ハイネック／NEEDLES
カーディガン／NEEDLES
パンツ／NEEDLES SPORTSWEAR
サンダル／MALIBU SANDALS

観覧車、実は苦手です…

観覧車って遠くから見るとワクワクするのに乗ったら恐怖。高いところ大の苦手っす……。

ハンチング／GINZA TORAYA
サングラス／NEEDLES
シャツ／ENGINEERED GARMENTS
ベスト／ASFALTO
パンツ／ENGINEERED GARMENTS
シューズ／ENGINEERED GARMENTS ×Tricker's

2021/5/7 @世田谷

芸能人は歯が命

今日はかかりつけの歯科医院へ。ここの先生は私と同じく植物ラバーで見事な庭を作っていらっしゃるんです。

キャスケット／GINZA TORAYA
サングラス／NEEDLES
シャツ／ENGINEERED GARMENTS
ジャケット／NEEDLES
パンツ／NEEDLES

2021/5/10 @原宿

何度コケたことか…！

子ども達が遊んでいた『リップスティック』。やってみたらコレがめちゃくちゃ楽しい。

ハット／Borsalino
サングラス／EYEVAN
Tシャツ／USED
パンツ／BIGMAC60'S
シューズ／NEEDLES
ネックレス／POLKADOT
バングル／NEEDLES
ウォッチ／ROLEX

2021/5/11 @世田谷

季節逆戻りで仕舞いかけた服を再び

今日は昨日とうって変わって肌寒い。衣替えのタイミングが毎年わからん！

サングラス／MOSCOT
ハイネック／NEEDLES
セットアップ／NEEDLES
ネックレス／POLKADOT

2021/**5/12** @代々木

人間ドックに行ってきました

今日はママと年に1度の人間ドックに。俳優には定年がない。死ぬまでやれる仕事だけれど体を壊しちゃえばそれまでですからね。しかしこの壁、カメラマンよく見つけたなぁ。Good job！

キャスケット／GINZA TORAYA
サングラス／EYEVAN
タンクトップ／HOLLYWOOD RANCH MARKET
カーディガン／Meticulous Knitwear
パンツ／NEEDLES
シューズ／EDWARD GREEN
バングル／NEEDLES
ブレスレット／NEEDLES

2021/5/14 @原宿

「諒T」でYeeeeeaaaaahhh!!

このTシャツは俳優の加藤諒君と「パンクドランカーズ」のコラボTシャツ。以前、ドラマで一緒になった時に私のスタッフTシャツをプレゼントしたお返しにいただいたモノです。サンキュー！ 諒君！

キャスケット／GINZA TORAYA
サングラス／NEEDLES
Tシャツ／加藤諒×PUNK DRUNKERS
パンツ／ENGINEERED GARMENTS
シューズ／NEEDLES

2021／5／17 @渋谷

ホアキン・フェニックスがやってたから…

スケボー、始めます。インスタを見ていたらホアキン・フェニックスが「シャーッ！」とカッコよく乗っていたのに憧れて(笑)。44歳からのスケボーはケガしかない……。

キャップ／SOUTH2 WEST8
サングラス／NEEDLES
ヘッドホン／ENGINEERED GARMENTS ×MASTER & DYNAMIC
Tシャツ／REBUILD BY NEEDLES
パンツ／BIGMAC60'S
シューズ／RALPH LAUREN

2021/5/18 @恵比寿

一番「着ない」と思っていた赤のニットT

「いやぁ……着ないなぁ」と思いながらも『ネペンテス』山ちゃんのゴリ押しで購入したニットT。ところがどっこい！　今年一番活躍しました。

キャスケット／GINZA TORAYA
サングラス／GUCCI
ニット／NEEDLES
ベスト／HERMES
パンツ／ENGINEERED GARMENTS
シューズ／NEEDLES×Tricker's

2021／**5**／**19** @武蔵小山

白のボタンダウンシャツ＆ジャケットと…

このベスト、「どう料理してやろうか……」と悩んでいたモノ（苦笑）。困ったときは“真逆”と合わせるのが鉄則の滝藤ルール。

ハット／Borsalino
サングラス／GUCCI
シャツ／ENGINEERED GARMENTS
ベスト／SOUTH2 WEST8×Supreme
ジャケット／ENGINEERED GARMENTS
リング／M·A·R·S
リング（青）／VINTAGE

2021/5/20 @お台場海浜公園

男子は恐竜大好きっすからパート2

気温が高くなるとカーキの服を着たくなります。強い日差しに映えますね。自分の中では〝大人の色〟。

ハット／MARONE　サングラス／MOSCOT
シャツ／ENGINEERED GARMENTS
セットアップ／ENGINEERED GARMENTS
サンダル／RAINBOW SANDALS×Charcoal TOKYO
ネックレス／POLKADOT　バングル／NEEDLES
リング／M·A·R·S

2021／5／21 @世田谷

パンツのお尻が裂けないか心配

スーツは10年ほど前のドラマ撮影の時に仕立ててもらったもの。当時から10キロ太ったのでパツパツです。早く子どもに譲りたい。

ハット／Borsalino
サングラス／NEEDLES
シャツ／Massimo d'Augusto
スーツ／HENRY POOLE
シューズ／Brooks Brothers

2021/5/24 @宝町

気が遠くなるほどの「刺繍」の細かさ！

古着のダイナソーＪｒ．のTシャツ。プリント部分すべてに手刺繍を施しカスタムした1点モノです。

ハット／MARONE
サングラス／MOSCOT
Tシャツ／USED
パンツ／ENGINEERED GARMENTS

Takito's T コレクション①

ブランドT編

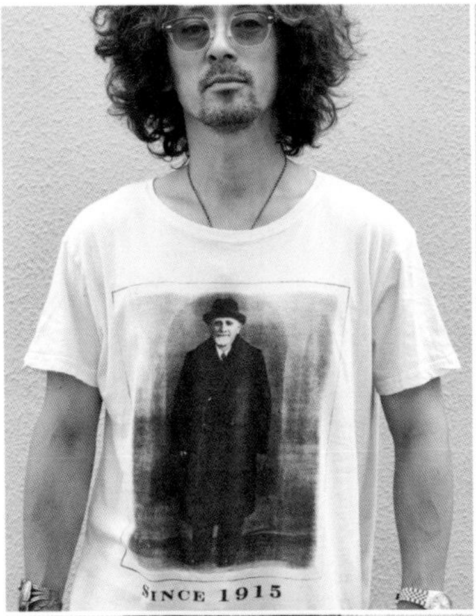

キャラTシャツ、ロックTシャツ……Tシャツはすごく好きで、50、60枚……いや、100枚以上はあると思います。こうなると1年に1回しか着ないっすね（笑）。

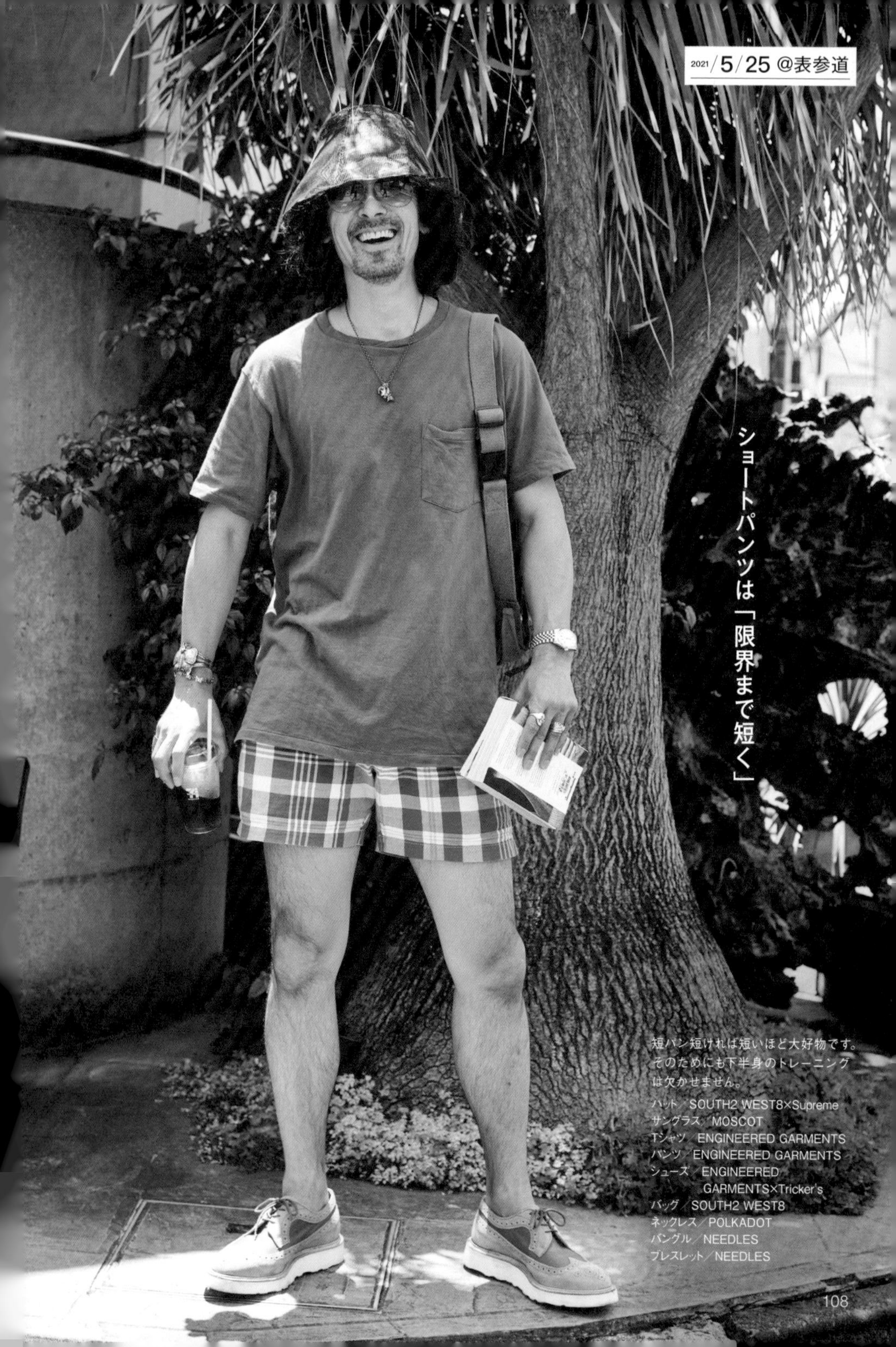

2021/5/25 @表参道

ショートパンツは「限界まで短く」

短パン短ければ短いほど大好物です。そのためにも下半身のトレーニングは欠かせません。

ハット／SOUTH2 WEST8×Supreme
サングラス／MOSCOT
Tシャツ／ENGINEERED GARMENTS
パンツ／ENGINEERED GARMENTS
シューズ／ENGINEERED GARMENTS×Tricker's
バッグ／SOUTH2 WEST8
ネックレス／POLKADOT
バングル／NEEDLES
ブレスレット／NEEDLES

2021／5／26 @外苑前

しまった！ このシャツの存在を忘れていた…

『エンジニアドガーメンツ』のワーカデイ。買ってから2年、ようやく日の目を見ました。ここから大活躍の予感。レギュラー入り決定です。

キャスケット／GINZA TORAYA　サングラス／GUCCI
シャツ／ENGINEERED GARMENTS WORKADAY
パンツ／BIGMAC60'S　シューズ／RALPH LAUREN
バッグ／ENGINEERED GARMENTS　ネックレス／POLKADOT
バングル／NEEDLES　ブレスレット／NEEDLES
リング／M·A·R·S　リング（スカル）／POLKADOT
リング（青）／VINTAGE　ウォッチ／ROLEX
バイク／BEAMS×Panasonic

2021/5/27 @成城学園前

仕事で東宝のスタジオへ。東宝と言えば"世界のミフネ、こと三船敏郎さんとやっぱりこの方"世界のGODZILLA、ゴジラ先輩っすね。

キャスケット/GINZA TORAYA
サングラス/NEEDLES
ニット/note&book ltd.
パンツ/BIGMAC60'S
シューズ/GUCCI

「世界のGODZILLA」とパチリ

2021/5/28 @世田谷

「サスペンダー・ブーム」到来

サスペンダーをすることでパンツの形がキレイに出ていますよね。サスペンダーの金具と腕時計、靴のビットの色味を揃えて！　どうだ！

ハット／MARONE
グラス／MOSCOT
シャツ／Massimo d'Augusto
サスペンダー／ALBERT THURSTON
パンツ／NEEDLES
シューズ／EDWARD GREEN
ウォッチ／ROLEX

2021/5/31@広尾

キャスケットは『トラヤ帽子店』おかみさん夏のイチオシ

『エンジニアドガーメンツ』のセットアップはサラッとリラックスした気持ちで着られます。

ハンチング／GINZA TORAYA
サングラス／GUCCI
シャツ／ENGINEERED GARMENTS
ベスト／ENGINEERED GARMENTS
セットアップ／ENGINEERED GARMENTS

2021/6/2 @お台場海浜公園

ドット柄のイメージといえばボブ・ディラン?

遊び心のあるドット柄はついつい手を出してしまう。着ている『ニードルズ』の開襟シャツは和の雰囲気で超セクシー。

ハット/Borsalino
サングラス/GUCCI
シャツ/NEEDLES
パンツ/ENGINEERED GARMENTS
シューズ/Tricker's

2021/6/3 @外苑前

「全身白」まるで私の心のよう……え？

このシャツはパッと見はただの白なんだけれど、よーく見るとうっすら柄が。気づかれるか気づかれないかくらいの遊び心っていうのが洒落てるなぁ。

キャスケット／GINZA TORAYA　サングラス／NEEDLES×MATSUDA
シャツ／AīE　パンツ／MASTER&Co.
シューズ／ENGINEERED GARMENTS×VANS

2021/6/4 @表参道

『ネペンテス』へ衣装を探しに

大漁大漁……。早く着て皆様の前に登場したいっす。

キャスケット／GINZA TORAYA
グラス／MOSCOT
シャツ／Mario Muscariello
サスペンダー／ALBERT THURSTON
パンツ／St.Michael
ブーツ／ENGINEERED GARMENTS×Tricker's

2021/6/7 @長後

正解はない、だからまずは「履いてみる」

さすがにこのシースルーのパンツは、どう履いたらいいのか頭を抱えました（笑）。ま、〝服も芝居も正解なんてない〟が持論ですから。とりあえず今日はハーフパンツの上に履いて蚊対策。

ハット　MARONE
サングラス　NEEDLES×MATSUDA
Tシャツ　NEPENTHES×TACOMA FUJI RECORDS
シャツ　ENGINEERED GARMENTS
ハーフパンツ　RANDT
パンツ　SOUTH2 WEST8×Supreme
シューズ　ENGINEERED GARMENTS ×Reebok

2021/6/8@京橋

袖まくりは「さり気なく」

袖をまくって着る時は適当を狙う。つまり適当ではない。適当にまくっているように見えるよう、必死こいて適当を作る。セクシーなオッサンへの道は果てしなく遠い……。

ハット／Borsalino
グラス／MOSCOT
ニット／Meticulous Knitwear
セットアップ／ENGINEERED GARMENTS
サンダル／NEEDLES×SUICOKE

2021/6/9 @浅草

雷門デカ!!

おい！　この写真、ファッション関係ないだろ！

ハット／MARONE
グラス／MOSCOT
Tシャツ／ENGINEERED GARMENTS
セットアップ／NEEDLES
サンダル／雪駄
バッグ／NEEDLES×AMARILLO

Takito's cool outfits for

April to June

Takito’s cool outfits for

July to September

2020/7/11 @明治神宮前

「アニマルT」でアフリカの大地！

一番好きな動物はシマウマです。

キャップ／NEEDLES
サングラス／OKURA
Tシャツ／The Smithsonian
パンツ／RIRE FETICHE
サンダル／MALIBU SANDALS
バッグ／ENGINEERED GARMENTS

2020/7/13 @品川

餃子、大好物です

レコード柄の開襟シャツは、あるドラマの衣装だったもの。おねだりしていただきました（笑）。賢一、マンモスうれピー！

サングラス／MOSCOT
シャツ／WACOMARIA
パンツ／MASTER&Co.
サンダル／TAKAHIRO MIYASHITA TheSoloist.
バッグ／SOUTH2 WEST8

2020/7/15 @明治神宮前

この1枚で強烈なインパクト

古着のTシャツは好きですね。特にふざけているのが。

キャップ／HOLLYWOOD RANCH MARKET
サングラス／MOSCOT
Tシャツ／USED
パンツ／SEVEN BY SEVEN

子どもの喜ぶ顔が見たいから

早朝から名古屋でドラマの撮影。それが終わって最終手前の新幹線に飛び乗ってトンボ帰り。クタクタですが、お土産は忘れない。世の中のお父さん、頑張ろう！

キャップ／SOUTH2 WEST8
サングラス／NEEDLES×MATSUDA
シャツ／ENGINEERED GARMENTS
カーディガン／NEEDLES
パンツ／NEEDLES
シューズ／NEEDLES
バッグ（ともに）／SOUTH2 WEST8

2020/7/17 @渋谷

イタリアンカラーにグラフィック

このシャツはランのモザイク柄がたま〝らん〟……なんつって。下のボタンはかけずに〝動き〟を。'50年代っぽい感じがGood。

サングラス／NEEDLES
シャツ／Sasquatchfabrix.
パンツ／NEEDLES
シューズ／NEEDLES
バッグ／NEEDLES

2020/7/20 @品川

短パンはできるだけ「派手に」

短パンを買う時はワードローブにない色や柄をチョイス。コーディネートの中でも面積が少ない分、トップスや靴選びに困りませんから。

キャップ／SOUTH2 WEST8
サングラス／NEEDLES×MATSUDA
Tシャツ／TACOMA FUJI RECORDS
パーカー／ENGINEERED GARMENTS
パンツ／ENGINEERED GARMENTS
サンダル／hari mari
バッグ／SOUTH2 WEST8

2020/7/21@渋谷

レゴみたいな雪駄だな

裾が"切りっぱなし"の開襟シャツにジャージのパンツを合わせる……コレってまさに滝藤の代名詞的なスタイル。まぁ、自称なんですけど。

サングラス／NEEDLES
シャツ／NEEDLES
パンツ／NEEDLES
サンダル／NEEDLES×SUICOKE
バッグ／NEEDLES×AMARILLO

2020 7/22 @大泉学園

永遠のアイドル・ベティちゃん

映画『コンフィデンスマンＪＰ』の
マレーシア・ランカウイ島での撮影、
楽しかったなぁ。

キャップ／SOUTH2 WEST8
サングラス／Eyevol
Tシャツ／USED
パンツ／oblekt
サンダル／マレーシアの露店
バッグ／SOUTH2 WEST8
ネックレス／M·A·R·S

2020/7/23 @表参道

娘と『ネペンテス』でお買い物

娘のTシャツもハンチングもママのもの。子どもに譲っていけるって、なんか嬉しい。

シャツ／SOUTH2 WEST8
グラス／NEEDLES
パンツ／NEEDLES
シューズ／Nepco Footwear

2020／7／27 @渋谷

連日ぶっ通しのドラマ撮影・・・

『セブンバイセブン』オリジナルの幾何学模様。生地の独特な光沢感が色気あるぜぇ！

シャツ／SEVEN BY SEVEN
パンツ／NEEDLES
シューズ／ANGELO RUFFO

2020／7／28＠渋谷

今日も今日とて撮影、ありがたや

私の似顔絵付きの巾着はドラマのスタッフさんの手作り。超キュートっす♡　大切に使わせていただいております。

グラス／EYEVAN
シャツ／Children of the discordance
パンツ／NEPENTHES
サンダル／RAINBOW SANDALS×Charcoal TOKYO
バッグ／HAND MADE

キャラTは「好きなモノ」を着るべし

この〝ジョーカーT〟は遊び心満載で即買い。お会計で値段にビックリ。HAHAHAHAじゃねぇよ!

キャップ/SOUTH2 WEST8
サングラス/MOSCOT
Tシャツ/USED
パンツ/NEEDLES
サンダル/RAINBOW SANDALS×Charcoal TOKYO

2020/7/30 @品川

今年何回目の品川だろう…

モックネックは年中重宝します。首元がだらしなくならずに上品になるんですが、そこをさらにジャージやサンダルで崩して楽しんでいます。

サングラス／NEEDLES
ハイネックTシャツ／NEEDLES
カットソー／ENGINEERED GARMENTS
パンツ／NEEDLES
メガネケース／EYEVAN

2020／7／31 @品川

マスクは〝金のシャチホコ〟マーク入り
名古屋人の誇りだぎゃあ！

毛足の長いベロアTシャツはサイコーに洒落ていて手触りも良く妖艶っす。滝藤、もはやベロアの虜です。

ハット／ENGINEERED GARMENTS
サングラス／EYEVAN
マスク／HAND MADE
バンダナ／NEEDLES
カットソー／NEEDLES
パンツ／NEEDLES
サンダル／TAKAHIRO MIYASHITA TheSoloist.
バッグ／NEEDLES

2020 8/5 @世田谷

クレープ屋の修行中

早朝から友人のクレープ屋へ。ドラマの役作りのため焼き方のレッスン。リーダーありがとう！

キャップ／HOLLYWOOD RANCH MARKET
サングラス／MOSCOT
Tシャツ／NEEDLES×VELVET
パンツ／NEEDLES
サンダル／NEEDLES×SUICOKE

2020／8／8 @表参道

タンクトップで「筋肉アピール」

少しでも自転車に乗って運動不足解消。〝大していい体してないのに見せたがるな！〟と水野美紀さんに指摘されています。

ハット／ENGINEERED GARMENTS
サングラス／MOSCOT
タンクトップ／誰かにもらった
パンツ／ENGINEERED GARMENTS
シューズ／ENGINEERED GARMENTS×Gola
バッグ／ENGINEERED GARMENTS
ウォッチ／ENGINEERED GARMENTS×TIMEX
バイク／SPECIALIZED

2020/8/8 @表参道

夏の定番「4つポケット」のキャンプシャツ

フラミンゴにひと目惚れ。同じ柄のボタンダウンの長袖も買ってしまった。短パンは裾を折り込んで〝ド〟短く。だって〝短いパンツ〟と書いて短パンですから。

ハット／ENGINEERED GARMENTS
サングラス／MOSCOT
シャツ／ENGINEERED GARMENTS
パンツ／ENGINEERED GARMENTS
シューズ／ENGINEERED GARMENTS×Gola

2020/8/10 @明治神宮前

1枚でキマる「サイズ感」

この『セブンバイセブン』のTシャツは雰囲気最高でラク。ついつい手に取ってしまうのだ。

ハット／KIJIMA TAKAYUKI
グラス／MOSCOT
Tシャツ／SEVEN BY SEVEN
パンツ／NEEDLES
サンダル／ENGINEERED GARMENTS ×KEEN
バッグ／SOUTH2 WEST8

2020/8/11@渋谷

撮影続きで疲れ果てています…

「セブンバイセブン」デザイナーの川上淳也さんとは、若い頃、一緒に宅配便の配送センターでアルバイトをしていた仲。12年ぶりの再会に……1滴の涙も出ず（笑）。

サングラス／MOSCOT　Tシャツ／NEEDLES
セットアップ／SEVEN BY SEVEN
サンダル／MALIBU SANDALS
バッグ／NEEDLES×AMARILLO

2020/8/13 @表参道

『モスコット』へサングラスのレンズ交換に

『モスコット』スタッフの戸川ちゃんは頼りになる専属アドバイザー。

ハット／ENGINEERED GARMENTS
Tシャツ／REBUILD BY NEEDLES
パンツ／oblekt

1

2

3

「レンズ交換」で自分好みの1本にカスタム

1. 戸川ちゃんとは彼女が代官山のアイウェアショップ『オリバーピープルズ』にいた頃からだから、もう7年の付き合い。戸川ちゃん、いつもありがとう！2. レンズを変えると表情がガラッと変化。しっくりこなかったサングラスが超お気に入りの1本になることも。3. だからこそ毎回、めっちゃ迷うんすよね……。

2020/8/13 @表参道

「ネペンテス愛」は『エンジニアドガーメンツ』から始まった

ぶらり『エンジニアドガーメンツ』へ。
自転車は小回りが利くし、都内なら車より早い。風を切って走るのはストレス解消っす。

キャップ／NEEDLES
サングラス／EYEVAN
Tシャツ／USED
パンツ／patagonia
シューズ／ENGINEERED GARMENTS×Gola
バッグ／ENGINEERED GARMENTS
バイク／SPECIALIZED

2020/8/14 @明治神宮前

「花がキレイ」と感じる歳になったんだなぁ

今日は上下茶系、そこにターコイズブルーを差してみた。例えるなら鰻重の山椒みたいな感じですかね……自分で書いてはみたものの意味わからん。

ハット／KIJIMA TAKAYUKI
サングラス／MOSCOT
カットソー／Sasquatchfabrix.
リング／VINTAGE

2020/**8**/**15** @銀座

銀座にホコ天があったなんて
東京25年目にして初めて知る

とんでもなく暑い日はトロピカル・ウールのセットアップが必須っす。

ハット／KIJIMA TAKAYUKI
サングラス／EYEVAN
シャツ／ENGINEERED GARMENTS
ブルゾン／ENGINEERED GARMENTS
パンツ／ENGINEERED GARMENTS
サンダル／TAKAHIRO MIYASHITA TheSoloist.
ウォッチ／ENGINEERED GARMENTS×TIMEX
バッグ／CHARLIE BORROW

2020/8/15 @世田谷

友人家族と屋上バーベキュー

帰宅してから、夜は友人ファミリーと一緒に屋上バーベキュー。パパのマットはシェフ。彼が作るチョコブラウニーはほっぺが落ちる美味さ！

キャップ／NEEDLES
サングラス／MOSCOT
Tシャツ／SEVEN BY SEVEN
パンツ／ENGINEERED GARMENTS
サンダル／マレーシアの露店
ブレスレット／エアースロックの麓にあった店
リング／M·A·R·S

JOE
COOL

滝藤家の「夏の思い出2020」

2020/8/17 @和泉多摩川

仕事が詰まっているとなかなか旅行もできないから、子どもたちを連れて川遊びに。子どもたちは大騒ぎで、出発前からママと2人でクタクタよ……（苦笑）。

ハット／ENGINEERED GARMENTS
サングラス／Eyevol
タンクトップ／BILLABONG
パンツ／The Critical Slide Society
サンダル／TAKAHIRO MIYASHITA TheSoloist.

2020/8/17 @和泉多摩川

筋トレすると「見せたくなる」衝動を抑えられない

ママが着ている服はすべて私が勝手に買ってきます。ママ、いつもありがとう！

ヘアバンド／mont-bell
タンクトップ／HOLLYWOOD RANCH MARKET
パンツ／ENGINEERED GARMENTS
バッグ／SEVEN BY SEVEN
サンダル／TAKAHIRO MIYASHITA TheSoloist.

ニットキャップは光石 研さんオリジナル「スタッフ帽」

本当は何も気にせずガンガン日焼けしたいけれど、ガングロな公方様とかになっちゃったら怒られるだろうしなぁ。

ニットキャップ／光石 研さん×BEAMS
サングラス／Eyevol
Tシャツ／USED
パンツ／ENGINEERED GARMENTS
サンダル／TAKAHIRO MIYASHITA TheSoloist.
バッグ／SOUTH2 WEST8

2020/8/19 @渋谷

Don't think, feel

ハット／NEEDLES
サングラス／MOSCOT
シャツ／ENGINEERED GARMENTS
パンツ／スタイリストさんからのプレゼント
シューズ／NEEDLES
バッグ／MASTER&Co.
リング／M·A·R·S

スタイリストさんからいただいたパンツをカンフーシューズのようなミュールに合わせて。気分はブルース・リー。

2020/8/20 @原宿

ベルベットの「ギラつき」のように

このところ筋トレと食事制限をゴリゴリにやっているせいで、甘いモノを無性に欲してます。日差しに当たってギラつくベルベット。私もギラついていたいです。

キャップ／NEEDLES
サングラス／白山眼鏡店
タンクトップ／ARTESANIA
パンツ／NEEDLES
シューズ／NEEDLES

2020/8/21@自由が丘

オーバーオール大好きっす

働く者の気持ちをすべて受け入れてくれる服——オーバーオール。着ると「頑張ります！」って気持ちになります。

キャップ／SOUTH2 WEST8
サングラス／NEEDLES×MATSUDA
Tシャツ／ENGINEERED GARMENTS
オーバーオール／SOUTH2 WEST8
シューズ／NEEDLES×Reebok
バッグ／SOUTH2 WEST8

2020/8/24@明治神宮前

愛娘と原宿デート

古着のキャラTの中でも、スヌーピーは好きですね。娘のTシャツは私がお土産にいただいた〝I LOVE SINGAPORE〟で。

ニットキャップ／光石 研さん×BEAMS
サングラス／BLUE BLUE　Tシャツ／USED
パンツ／MASTER&Co.　シューズ／SEVEN BY SEVEN

2020/8/25 @渋谷

シワを「楽しむ」

コットンのシャツは洗濯して干す時、クシャクシャのままでハンガーにすらかけないっす。アイロンも使いません。

サングラス／Paul Smith
シャツ／ENGINEERED GARMENTS
パンツ／NEEDLES
シューズ／ANGELO RUFFO
ウォッチ／ROLEX
バッグ／NEEDLES

2020/8/26@渋谷

40年モノのヴィンテージ時計

この『ロレックス』は私がまだ無名塾にいた頃に、先輩から10万円で譲ってもらったの。オーバーホールに30万円かかったけど……。

ハット／KIJIMA TAKAYUKI
サングラス／OLIVER PEOPLES
タンクトップ／HOLLYWOOD RANCH MARKET
シャツ／ENGINEERED GARMENTS
パンツ／NEEDLES
シューズ／NEEDLES
ネックレス／M·A·R·S
ウォッチ／ROLEX
ブレスレット／エアーズロックの麓にあった店

2020/8/27 @月島

「リゾート・スタイル」で東京の夏をEnjoy…できない！

アフリカンな柄が気に入って購入した『エンジニアドガーメンツ』の開襟シャツ。短パンは、もう皆さんご存知の通り裾を折り返してさらに短く！ が真夏の定番の履き方。気分だけでもリゾートを味わうぜ！

ハット／NEEDLES
サングラス／MOSCOT
シャツ／ENGINEERED GARMENTS
パンツ／ENGINEERED GARMENTS
サンダル／MALIBU SANDALS

2020/8/28@渋谷

偶然バッタリでパチリ！を「フライデーされる」

この撮影中に『フライデー』されました（笑）。記事では《男性ファンに神対応》と書かれていたけれど、その男性ファンは俳優の芹澤興人君ですから！　芹澤君のおかげで私の株が上がったよ。ありがとう。

ハット／NEEDLES
サングラス／EYEVAN
シャツ／ENGINEERED GARMENTS
パンツ／ENGINEERED GARMENTS
サンダル／TAKAHIRO MIYASHITA TheSoloist.

END DHS
PILFER
MENIS STAR!
CEDUSE NOOK
Nine
THIS IS MY TRUE
IVAN ITCH ART
Playback
SMOAT BUSTA TEXAS
SMOAT BUSTA TEXAS
BOEFLY

2020/8/31@世田谷

なんか物足りないなぁ…

こんな日もあるなぁ。ヒゲが生えているだけで雰囲気変わるからなぁ。筋肉を見せればよかったのかなぁ。

ハット／NEEDLES
サングラス／EYEVAN
Tシャツ／Children of the discordance
パンツ／oblekt

2020/9/1@表参道

接客がすべて

ショッピングで充実した素敵な時間を過ごせるかどうかは〝スタッフさん次第〟と言っても過言ではない。山ちゃん、いつもありがとう！

サングラス／MOSCOT
Tシャツ／REBUILD BY NEEDLES
パンツ／NEEDLES
シューズ／NEEDLES
ネックレス／NEEDLES×AMARILLO
バック／NEEDLES×AMARILLO

2020/9/2 @要町

新しい撮影現場にカチ込みじゃあ!!

今日から新しい現場がスタート。この数か月間、パーソナル・トレーニングでひたすら筋トレして仕上げてきました。まぁ監督さんからは「体作ってきて」とは言われてないんですけどね。

サングラス／MOSCOT
カットソー／NEEDLES
パンツ／SEVEN BY SEVEN
シューズ／NEEDLES
バッグ／NEEDLES

2020/9/2 @要町

どうだ！ この「6パック」

トレーニングに加えて食事制限。最後は〝水抜き〟して仕上げたこの腹筋。いかがかしら？　まぁ監督さんからは『体作ってきてください』とはひと言も言われてないんですけどね。

サングラス／MOSCOT
シャツ／ENGINEERED GARMENTS
パンツ／SEVEN BY SEVEN
シューズ／NEEDLES
リング／VINTAGE

2020/9/3 @北山田

恐れず「ピンク」を使おう！

ピンクって意外とどんな色にも合わせやすい色だよね。歳を重ねるごとにピンクを多用していきたい。あ、刺青はドラマ撮影の時の特殊メイクです（笑）。

サングラス／NEEDLES
シャツ／メキシコのお土産
パンツ／patagonia
シューズ／NEEDLES
バッグ／NEEDLES×AMARILLO

2020/**9**/**4** @北山田

不動の「滝藤定番アイテム」開襟シャツ

襟の形、ボタンの位置、ポケットのバランス……完璧だ。大人っぽい色気を感じるのは〝切りっぱなし〟の裾が動きに合わせて優しく揺れるからなんだなぁ。

サングラス／MOSCOT
シャツ／NEEDLES
パンツ／NEEDLES
シューズ／NEEDLES

2020 /9/7 @渋谷

『魚力』のサバ味噌煮定食は最高よ

NHKで撮影の時の食事は昼夜『魚力』です。

キャップ／SOUTH2 WEST8
マスク／HAND MADE
Tシャツ／USED
シャツ／ENGINEERED GARMENTS
パンツ／ENGINEERED GARMENTS
シューズ／ENGINEERED GARMENTS×Reebok
バッグ／SOUTH2 WEST8

2020/9/8 @明治神宮前

古着は「一期一会」

Tシャツは何の気なく入った古着屋で衝動買いした1枚。古着は鳥肌立ったら〝即買い〟だぜ。

サングラス／NEEDLES
Tシャツ／USED
パンツ／ENGINEERED GARMENTS×VELVET
ブレスレット／NEEDLES

Takito's T コレクション②

ロックT編

ロックバンドやミュージシャンのTシャツたち。古着だけじゃなく、頂きモノの郷ひろみさんや最上もがちゃんのツアーTシャツも。

Takito's T コレクション③

スタッフT編

ドラマや映画で主演をやらせてもらう時は、Tシャツを作ってスタッフさん、出演者に配るのが恒例です。筧美和子ちゃんから頂いたモノも。

2020/9/11@渋谷

季節を選ばない『ホワイツ』ワークブーツ

『ネペンテス』が別注したこのモデル。若い頃、めちゃくちゃ憧れたブーツブランド。気に入り過ぎて色違いの黒も買っちまいました。

ハット／NEEDLES
サングラス／NEEDLES
シャツ／NEEDLES
パンツ／ENGINEERED GARMENTS
ブーツ／WHITE'S BOOTS
バッグ／SOUTH2 WEST8

2020/9/14 @六本木

こんなTシャツ作ろうかしら…私の顔で

〝マリリン・モンローのTシャツ欲しいなぁ〟とインスタを見ていてひと目惚れ。フラッと入った古着屋で見つけた時は思わず声が。値段見て漏らしそうになりましたけど。

サングラス／OLIVER PEOPLES
Tシャツ／USED
パンツ／oblekt
ブーツ／WHITE'S BOOTS
バッグ／NEEDLES
キーリング／M·A·R·S

2020 9/15 @原宿

紫のジャージは『ニードルズ』の必殺技

『ネペンテス』のスタッフさん達みたいに、開襟シャツ、ミュールと合わせれば一気にオシャレ上級者だぎゃあ！

サングラス／NEEDLES　シャツ／NEEDLES
パンツ／NEEDLES　シューズ／NEEDLES
バッグ／NEEDLES×AMARILLO
ウォッチ／ROLEX

2020／9／16 @新高島平

休憩中のスタッフさんとパチリ

いつもありがとう！　皆さんのおかげでのびのび芝居できます！

グラス／MOSCOT　マスク／HAND MADE
ニット／NEEDLES　パンツ／NEEDLES
シューズ／NEEDLES　バッグ／NEEDLES

2020／9／17 @表参道

『ネペンテス東京』スタッフ・森本さん

彼女が学生アルバイトの頃からの付き合い。正直な接客が気持ちよく、女性目線でのアドバイスはいつも参考になります。森本、いつもありがとう！

ハット／NEEDLES
サングラス／NEEDLES×MATSUDA
カットソー／Sasquatchfabrix.
パンツ／ENGINEERED GARMENTS
シューズ／NEEDLES×VANS

2020/9/22 @等々力

家族で等々力渓谷へ

本当は家族で動物園に行く予定だったのですが〝予約がないと入れない〟ことが直前に判明。急遽、目的地変更。小学6年生になった長男は親離れし始めてきた。でも本当に優しくていいヤツなんだ。

キャップ／SOUTH2 WEST8　サングラス／MOSCOT
Tシャツ／NEEDLES
ジャケット／NEEDLES　パンツ／NEEDLES
シューズ／ENGINEERED GARMENTS×HOKA ONEONE

2020/9/24 @銀座

「黒×金」配色は私の大好物

踵ナシのミュールは『グッチ』。もちろん黒レザーに金のビットが付いています。全身で〝黒×金〟への愛を表現してみたぜ。

ハット／ENGINEERED GARMENTS
セットアップ／NEEDLES
シューズ／GUCCI

2020／9／25 @幡ヶ谷

「古いモノ」っていいっすよね

ママが手芸や刺繍に興味があるので、今日は刺繍家さんのアトリエにビーズ・アクセサリーを見に。ヨーロッパのビンテージ・ビーズが素敵すぎる。ママ、また美しくなちゃうのね♡

サングラス／OLIVER PEOPLES
Tシャツ／SOUTH2 WEST8×TACOMA FUJI RECORDS
シャツ／REBUILD BY NEEDLES
パンツ／NEEDLES　シューズ／NEEDLES

2020/9/28 @渋谷

襟を「ジャケットの外に出す」スタイル

“遊び心のある大人”っぽくて、ついつい出したくなってしまう。若い頃、映画で観て憧れでした。

サングラス／NEEDLES
シャツ／NEEDLES
ジャージ／NEEDLES
パンツ／NEEDLES
シューズ／NEEDLES

2020/9/29 @白金台

きゃあぁぁ！ 擦っちまったぁぁぁぁあ!!

撮影場所に来る途中、狭い道に迷い込み愛車のサイドミラーを〝ガリガリガリッ！〟。それも味です……（泣）。

サングラス／MOSCOT
Tシャツ／REBUILD BY NEEDLES
ジャケット／NEEDLES
パンツ／ENGINEERED GARMENTS

2020 9/30 @渋谷

膨大なセリフを覚える「たったひとつの方法」

ドラマ３本進んでいてＣＭの撮影も控えている。こうなるとセリフ覚えが……。パンク寸前です。「どうやってセリフを覚えているんですか?」とよく聞かれるが、方法はたったひとつ。気合いで覚える……てへっ！

ハット／ENGINEERED GARMENTS
サングラス／MOSCOT
セットアップ／NEEDLES
シューズ／NEEDLES

Takito's cool outfits for

July to September

Takito's cool outfits for

October to December

2020/10/1@世田谷

甘味モノ「解禁」

３か月ほど続けていた食事制限を解除。長女と一緒にお散歩に出てソフトクリームを食べる。久しぶりの甘いモノ。幸せだなぁ。

ハット／ENGINEERED GARMENTS
サングラス／NEEDLES×MATSUDA
シャツ／NEEDLES
カーディガン／NEEDLES
パンツ／NEEDLES
シューズ／NEEDLES
ソフトクリーム&かき氷／SAKURI

2020/10/2 @汐留

「仲里依紗」ちゃん風です

季節の変わり目は服選びも難しくなる。
困った時の〝勝手に仲里依紗ちゃん〟。
コレ、怒られるな……（苦笑）。

サングラス／MOSCOT
トレーナー／NEEDLES
ジャケット／ENGINEERED GARMENTS
パンツ／NEEDLES
シューズ／NEEDLES×VANS

2020/10/5 @世田谷

コレ着たまま寝られるくらい快適です

セットアップは、着ている人を見るのも大好き。シンプルだけどムードがあってカッコいい。普段着も、ジャージ素材とかカジュアルな素材のセットアップが多いっす。

サングラス／MOSCOT
シャツ／NEEDLES
セットアップ／NEEDLES
シューズ／GUCCI
リング／M·A·R·S

2020/10/5 @世田谷

好きな色はセットアップで揃えたい

このラベンダーのセットアップはテレビ、雑誌の衣装として何回登場しただろう。きっと来年も再来年も着ます。そこが無地の強さ。

サングラス／MOSCOT
シャツ／NEEDLES
ニット／NEEDLES
セットアップ／NEEDLES
シューズ／NEEDLES

2020/10/5 @世田谷

どうしてもやめられないんです…

ジャケットでもカーディガンでもジャージでも、開襟シャツの襟は外に出したいんです。出てなきゃ気が済まないんです。私の好きにさせてくれ！

サングラス／MOSCOT
シャツ／NEEDLES
セットアップ／NEEDLES
シューズ／GUCCI
バッグ／NEEDLES×AMARILLO

2020/10/5 @世田谷

「柄オン柄」は強弱を意識

〝柄に柄を重ねる〟のは難易度高いと言われがちですが、柄の強弱——サイズの大小を変えるように心がければ問題なし！

サングラス／NEEDLES
シャツ／NEEDLES
セットアップ／NEEDLES
ベルト／SEVEN BY SEVEN
×Rooster King & Co.
シューズ／NEEDLES
リング／VINTAGE

2020/10/7 @表参道

岡本太郎さんの「こどもの樹」の前で

『セブンバイセブン』デザイナーの川上さんと。青山円形劇場なくなっちゃったんだなぁ。寂しいなぁ……。

キャップ／SOUTH2 WEST8
サングラス／OLIVER PEOPLES
Tシャツ／USED
シャツ／SEVEN BY SEVEN
パンツ／SEVEN BY SEVEN
シューズ／ENGINEERED GARMENTS×Reebok
バッグ／SEVEN BY SEVEN

2020/10/8 @渋谷

雨の日は「ジャージ長靴イン」で靴下が濡れるのを死守

「朝から本降り」だって言うから雨仕様に。農業始めたくなるわ。

キャップ／SOUTH2 WEST8
サングラス／MOSCOT
Tシャツ／NEEDLES
ポンチョ／SOUTH2 WEST8
パンツ／NEEDLES
レインブーツ／MUCK BOOT

2020／10／9 @渋谷

嗚呼…渋谷は今日も雨だった

この格好、探偵役イケるなぁ。
誰かコレで探偵ドラマ作って
ください！

ハット／ENGINEERED GARMENTS
サングラス／MOSCOT
シャツ／NEEDLES
ジャケット／ENGINEERED GARMENTS
パンツ／NEEDLES
シューズ／NEEDLES×VANS

2020/10/12 @日比谷

履き込んで雰囲気が仕上がったら「1軍」決定

ウィングチップ、型押しレザーのコンビに金ビット。私の好みがすべて詰まった1足でございます。

サングラス／NEEDLES
シャツ／AïE
ジャケット／ENGINEERED GARMENTS
パンツ／NEEDLES
シューズ／NEEDLES×Tricker's
バッグ／NEEDLES

2020/10/13 @世田谷

赤いパンツに紫の靴

パンチのあるコーディネートをグッと引き締めて成立させてくれるベーシックなデニムも、大好きなアイテムのひとつです。

キャップ／SOUTH2 WEST8
サングラス／MOSCOT
シャツ／AïE
ジャケット／NEEDLES
パンツ／NEEDLES
シューズ／NEEDLES×VANS

2020/10/14 @鶴見小野

使い込んだ革の「存在感」

このカバンは、まだまだ仕事がなかった30歳くらいの時、背伸びして手に入れたモノ。くたびれてきてようやく雰囲気が良くなってきた。愛着わくわぁ。

ハット／ENGINEERED GARMENTS
サングラス／MOSCOT
タートルネック／NEEDLES
ジャケット／ENGINEERED GARMENTS
パンツ／NEEDLES
シューズ／ENGINEERED GARMENTS ×NewBalance
バッグ／GOLDEN GOOSE DELUXE BRAND
ネックレス／NEEDLES×AMARILLO

映画の撮影で朝イチ広島へ旅立ちます

長距離移動の時は、快適な着心地を求めつつ、ファッションを楽しんでおりますのよ。

ハット／ENGINEERED GARMENTS
サングラス／MOSCOT
シャツ／NEEDLES
ジャージ／NEEDLES
パンツ／NEEDLES
サンダル／ENGINEERED GARMENTS×KEEN

2020/10/19 @表参道

トラ柄のコーチジャケット!

赤は"差し色"に使うのもいいですが、
あえてトラ柄と合わせて戦わせる!
それが滝藤流。

ハット／ENGINEERED GARMENTS
サングラス／MOSCOT
ジャージ／NEEDLES
ジャケット／NEEDLES
パンツ／SEVEN BY SEVEN
シューズ／NEEDLES×VANS

2020／10／20 @鶴川

「趣味？ 乗馬です」って言ってみたーい！

いやぁ、やっぱりいいっすね、馬は。朝から乗馬。なんて優雅な時間なんでしょう。

キャップ／SOUTH2 WEST8
サングラス／Eyevol
ハイネック／SOUTH2 WEST8
スウェット／ENGINEERED GARMENTS
コート／ENGINEERED GARMENTS
パンツ／IAGO
シューズ／ARIAT
ヘルメット／uvex
馬／エース

2020/10/21@世田谷

長女の「七五三」

長女の七五三詣に家族みんなで
神社へ。記念写真は次男坊と。
子ども4人の中で次男が一番の
〝自由人〟。このまま突き進め！

キャップ／SOUTH2 WEST8
シャツ／NEEDLES
セットアップ／ENGINEERED GARMENTS
シューズ／ENGINEERED GARMENTS
×NewBalance

2020/10/22 @世田谷

「唐草模様のカーディガン」を主役に

トラディショナルな柄のモチーフは、ついつい手が伸びてしまう。

ハット／ENGINEERED GARMENTS
サングラス／MOSCOT
シャツ／ENGINEERED GARMENTS
カーディガン／Sasquatchfabrix.
セットアップ／ENGINEERED GARMENTS
シューズ／Tricker's

2020/**10**/**23** @六本木

六本木で撮られた芸能人になってみたい

今日の撮影は担当編集さんがお休み。女性カメラマンと２人で撮影だったのだけど、カメラマンが腕に《報道》と書かれた腕章を巻いていました。「『フライデー』対策です！」ですって。

キャップ／SOUTH2 WEST8
サングラス／MOSCOT
スウェット／SEVEN BY SEVEN
ジャケット／SOUTH2 WEST8
パンツ／ts(s)
シューズ／ENGINEERED GARMENTS
×HOKA ONEONE

2020/10/26 @世田谷

「リバーシブル」でお得感

このブルゾンは優れモノ。どっちを使ってもスーパーカッコいい！　そして〝レオパードは何にでも合う。滝藤論。

サングラス／MOSCOT　シャツ／NEEDLES
ブルゾン／NEEDLES　パンツ／NEEDLES
ブーツ／ENGINEERED GARMENTS×DR.MARTENS
バッグ／NEEDLES×AMARILLO

2020/10/26 @世田谷

レオパードも「ベージュ」だと思えば優しいリラックスした色なのさ

もうすでに皆様お気づきでしょう？　私、レオパード大好きです。

ハット／ENGINEERED GARMENTS
サングラス／MOSCOT　カットソー／NEEDLES
フリース／NEEDLES　パンツ／NEEDLES
サンダル／ENGINEERED GARMENTS×KEEN
ネックレス／NEEDLES×AMARILLO

2020/10/26 @世田谷

突然の電話…「パパ、帰りにパン買ってきて!」

ネイビーと黒を合わせるのも私の好きなスタイル。1色でまとめるよりも深み。が増します。

サングラス／MOSCOT
シャツ／NEEDLES
ジャケット／ENGINEERED GARMENTS
パンツ／NEEDLES
ブーツ／ENGINEERED GARMENTS ×DR.MARTENS

2020/10/27 @京橋

鰻、大好物です

編集作業のために出版社へ。お昼に担当編集さんが鰻重をご馳走してくれました。いつもありがとう、主婦と生活社さん。

サングラス／MOSCOT
シャツ／AïE
パンツ／NEEDLES
シューズ／GUCCI

2020/10/28 @外苑前

バッグは「裏返し」て、ヒョウ柄ファーを表に

カバンも服も〝こう使わなきゃいけない〟〝こう着ないとダメ〟なんて知るか！　そんなもん！　こういうカスタムが大好きなんだ、俺は！

ハット／ENGINEERED GARMENTS
サングラス／EYEVAN
タートルネック／NEEDLES
カットソー／NEEDLES
コート／Children of the discordance
パンツ／NEEDLES
ブーツ／ENGINEERED GARMENTS×DR.MARTENS
バッグ／ENGINEERED GARMENTS
バイク／BEAMS×Panasonic

「枯れ」の美学パート2

植物でも人間でも〝枯れ〟に魅力を感じます。最後の力振り絞ってる、みたいな。そういう人間に憧れるんですよね、滝藤は。

サングラス／NEEDLES
シャツ／NEEDLES
ニット／NEEDLES
パンツ／NEEDLES
シューズ／Nepco Footwear

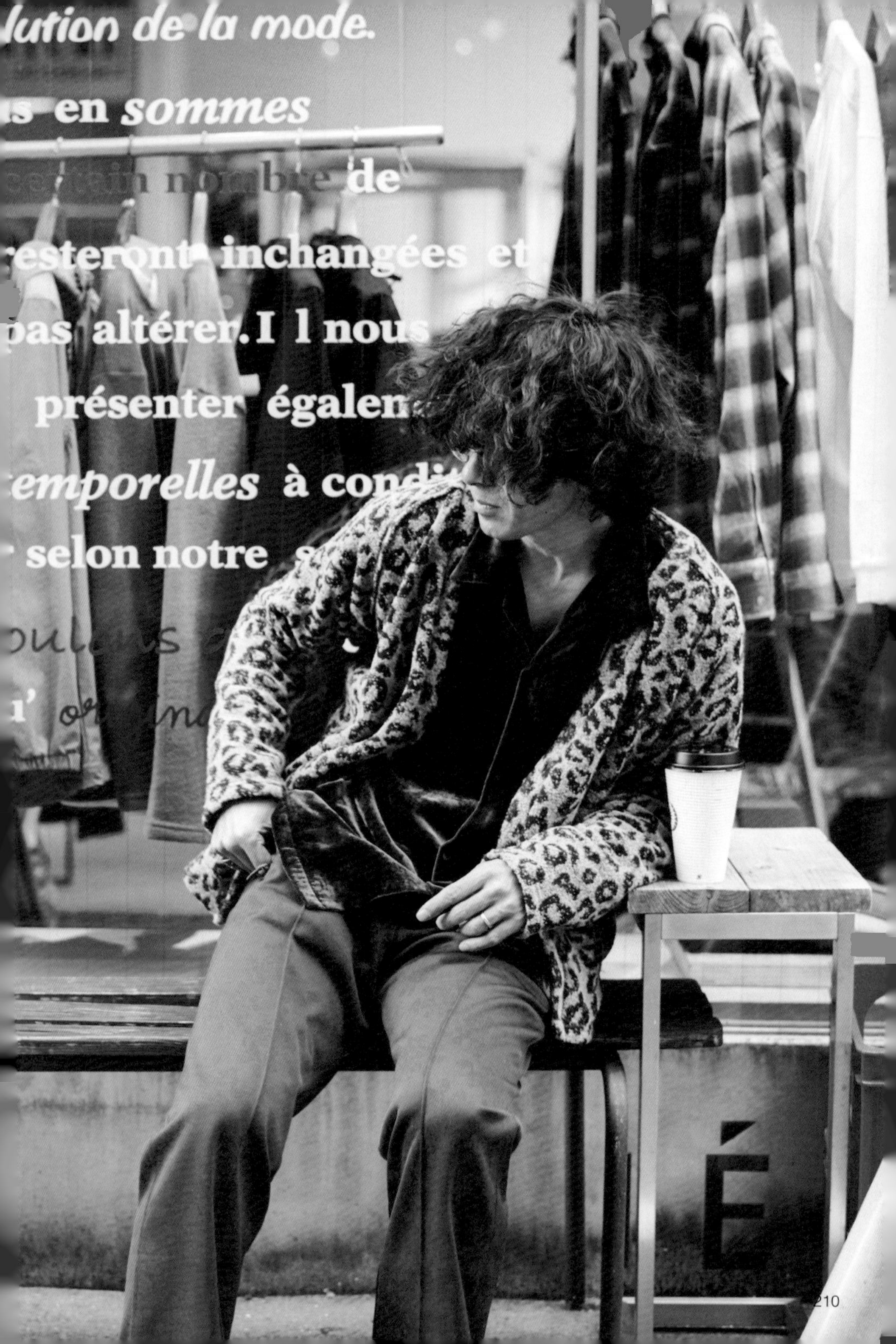
lution de la mode.
s en sommes
nombre de
resteront inchangées et
pas altérer. I l nous
présenter égalem
emporelles à condi
selon notre s

anticiper l' é

Mais il y a, n

conscients,

créations qui

qu' on ne do

tient à cœur

ces *valeurs*

de les revisi

dont nous

aussi souple

2020／10／30 @世田谷

公園が似合わない男

公園内には親子連れやスポーツする方がたくさん。健康的な雰囲気の中で撮影してみたのだけれど、カメラマン的にどうもしっくりこなかったみたいで、この場所へ連れてこられた。そこで彼女がひと言「滝藤さん、公園似合わないんで」だって……ってコラ！

ハット／ENGINEERED GARMENTS
サングラス／MOSCOT
シャツ／ENGINEERED GARMENTS
ジャージ／NEEDLES
ジャケット／NEEDLES
パンツ／NEEDLES
シューズ／NEEDLES

2020/11/8 @世田谷

なんか昭和っぽい？

自分の親世代が若い頃に着たような服。このギリギリ感がたまらんです。はい。

サングラス／MOSCOT
シャツ／AïE
ジャケット／NEEDLES
パンツ／NEEDLES
シューズ／NEEDLES×VANS

2020／11／11 @渋谷

長期間のドラマ撮影もいよいよ大詰め

この数か月間、渋谷のスタジオに通い続けてきたけれど、その撮影もいよいよ大詰めの段階。ヤバい……泣いちゃう……あれ!?　おかしいなぁ。1滴の涙も出そうにない……。

ハット／ENGINEERED GARMENTS
サングラス／NEEDLES
ジャージ／NEEDLES SPORTSWEAR
コート／NEEDLES
パンツ／NEEDLES SPORTSWEAR
シューズ／NEEDLES×Reebok

2020/11/12 @恵比寿

また週刊誌に撮られたらどうしましょ

今日の撮影も恵比寿で女性カメラマンと2人きり。この本の撮影が始まってからもうすでに3回、週刊誌に撮られております。いい加減、本の撮影だと気づいてー！

サングラス／NEEDLES
コート／NEEDLES
パンツ／NEEDLES
シューズ／McKINLAYS

2020/**11/13** @世田谷

紫に水玉って！

いいんですよ、ホントは白無地で。それが基本だということは重々心得ております。でもね、ふざけたくなっちゃうんですよ、靴下は……。

キャップ／SOUTH2 WEST8
サングラス／MOSCOT
シャツ／ENGINEERED GARMENTS
プルオーバー／ENGINEERED GARMENTS
パンツ／SOUTH2 WEST8
シューズ／NEPENTHES×SPECTUSSHOECO
バッグ／SOUTH2 WEST8
リング／VINTAGE

2020／**11**／**16** @六本木一丁目

肉を食べました

テレビの仕事の前に、局近くのステーキ屋でデカい肉を担当編集さんにご馳走になりました。肉、大好物なんです。主婦と生活社さん、毎度ありがとう。（3回目）

サングラス／NEEDLES
シャツ／NEEDLES
ブルゾン／NEEDLES
パンツ／NEEDLES
シューズ／NEEDLES
バッグ／NEEDLES×AMARILLO

2020／11／17 @要町

買おうか迷って諦めた服をまさか…！

ニットはドラマ『コールドケース』の仲間達からのプレゼント。散々迷ったカーディガン。嬉しいっす！ありがとう、みんな！

サングラス／MOSCOT
シャツ／NEEDLES
ニット／『コールドケース』捜査1課
　4人からのプレゼント
デニムジャケット／SEVEN BY SEVEN
パンツ／NEEEDLES
シューズ／NEEDLES

2020/11/19 @世田谷

この樹形を見て!!

友人の花屋『HANACHO』の前を通りかかったので。この植物〝ディコトマ〟Amazing！

ハット／ENGINEERED GARMENTS
サングラス／NEEDLES　ハイネック／NEEDLES
シャツ／NEEDLES　ブルゾン／NEEDLES
パンツ／NEEDLES　シューズ／GUCCI

2020/11/20 @仲町台

すっかり黄金色になった銀杏の並木がキレイ

何か色っぽくないですか？　花の色味をパンツと合わせちゃったりして。とにかくセクシーになりたいんです。

サングラス／MOSCOT
シャツ／ENGINEERED GARMENTS
パンツ／NEEDLES
バッグ／Mulberry

2020/11/24 @多摩

朝早過ぎてパジャマで来てしまいました

今日は郊外でドラマのロケ。眠い……。

ハット／ENGINEERED GARMENTS
シャツ／ENGINEERED GARMENTS
セットアップ／ts(s)
シューズ／NewBalance
バッグ／SOUTH2 WEST8

2020/11/25 @駒込

あまりの寒さに「5枚重ね」

今日は雑誌の撮影。冬になるとドテラをよく着るんです。なんせ寒がりなので。このドテラはアウトドアブランド『モンベル』。さすが『モンベル』、軽くて暖かい優れモノ。超お気に入りです。

ハット／ENGINEERED GARMENTS
サングラス／MOSCOT
ジャージ／NEEDLES
オーバー／ENGINEERED GARMENTS
ドテラ／mont-bell
パンツ／NEEDLES
シューズ／NEEDLES×Reebok
リング／M·A·R·S

シャツとストールを「贅沢に同柄」

ちょっと見えづらいけれど、赤青チェックのストールとシャツは同じ柄。〝ん？　何着てるの!?〟ってなるし、何より芸能人っぽくないすか？この贅沢感が。

サングラス／MOSCOT
シャツ／ENGINEERED GARMENTS
ストール／ENGINEERED GARMENTS
デニムジャケット／SEVEN BY SEVEN
コート／SOUTH2 WEST8
パンツ／ENGINEERED GARMENTS
シューズ／NewBalance

2020/11/30 @世田谷

誰がこんなリメイクしたんだ！ カッコいいじゃねえか！

ヴィンテージのデニムジャケットにネイティブ柄のラグを縫い付けた1点モノ。ヨダレが出ますわ……。

サングラス／MOSCOT
スウェット／USED
デニムジャケット／USED
パンツ／NEEDLES

2020/11/30 @世田谷

「パイソン柄の赤ジャケット」は大のお気に入り

〝赤〟は強いアイテムですが、それに合わせるコーディネートを考えるより、いつでも赤を着られる、大人でいたいです。

ハット／NEEDLES　サングラス／白山眼鏡店
ハイネック／NEEDLES
シャツ／REBUILD BY NEEDLES
ブルゾン／NEEDLES　パンツ／NEEDLES
ブーツ／ENGINEERED GARMENTS×DR.MARTENS
リング／M･A･R･S

2020/12/2 @世田谷

撮影続きで脳みそが風邪を引きそう

本格的に寒くなってきましたね。現場も〝年末進行〟で撮影が立て込んできていて毎日ハードです。今年1年の疲れが……。

キャップ／SOUTH2 WEST8
サングラス／MOSCOT
ロンT／AïE
ダウンベスト／SOUTH2 WEST8
ジャケット／SEVEN BY SEVEN
パンツ／SEVEN BY SEVEN
ブーツ／WHITE'S BOOTS

2020／12／2 @世田谷

「レオパードはブラウン」として気軽に

ネイビーとブラウンの合わせは好きな配色のひとつ。ネイビーでまとめる時は、靴でついつい遊びたくなります。

ハット／ENGINEERED GARMENTS
サングラス／MOSCOT
シャツ／ENGINEERED GARMENTS
ニットベスト／ENGINEERED GARMENTS
コート／ENGINEERED GARMENTS
グローブ／SOUTH2 WEST8
パンツ／ENGINEERED GARMENTS
ブーツ／ENGINEERED GARMENTS ×Danner

2020/12/4 @武蔵五日市

『鬼滅の刃』最終巻の発売日だって

子どもたちを映画に連れて行ったら、私がすっかり『鬼滅の刃』にハマってしまった。今日はコミック最終巻の発売日。どこかで買って帰れたらいいんだけどな……。

ハット／NEEDLES
サングラス／MOSCOT
ニット／SOUTH2 WEST8
フリース／SOUTH2 WEST8
パンツ／NEEDLES
ブーツ／ENGINEERED GARMENTS×Timberland

2020／12／8 @東京

コーデュロイのショールカラーコート
ファーのライニングが「ゴージャス&セクシー」

このコート、めちゃくちゃ惚れて買ったはいいものの、完全に服に着られてしまっていた。歳を重ねるごとに馴染んできたのが嬉しい。コートに大人にしてもらってるなぁ。

ハット／ENGINEERED GARMENTS
サングラス／NEEDLES
タートルネック／S.E.H KELLY
ダウンベスト／NEEDLES
コート／ENGINEERED GARMENTS
パンツ／NEEEDLES
シューズ／NEEDLES×Reebok

2020/12/11@渋谷

今日はワンポイント『鬼滅』オマージュで

最終巻、読みました。いやぁよかった。もしも実写で演じるなら断然、不死川玄弥。あと30歳若かったらなぁ。

ハット／ENGINEERED GARMENTS
サングラス／NEEDLES
タートルネック／NEEEDLES
シャツ／NEEDLES
ダウンジャケット／NEEDLES
ジャケット／ENGINEERED GARMENTS
パンツ／NEEDLES
シューズ／NEEDLES

2020/12/15 @汐留

高校時代、周りはみんなダッフルコート

ダッフルコートはいくつか持っているんだけれど、学生のイメージが抜けなくて……。ただ、こういう柄モノだと、ちょっと洒落ていい雰囲気なので大人っぽいっす。

ハット／ENGINEERED GARMENTS
サングラス／NEEDLES
コート／ENGINEERED GARMENTS
パンツ／ENGINEERED GARMENTS
ブーツ／NEPENTHES ×SPECTUSSHOECO
バッグ／Mulberry

ここまで

2020／12／18 @新橋

視覚的な「動き」でコーディネートに深みを

カーディガンは一見、無地に
見えますが光の加減で表情
が変わるという優れモノ。

ハイネック／NEEDLES
カーディガン／NEEDLES
セットアップ／NEEDLES
シューズ／GUCCI

2020／12／21＠岩本町

このコート…まるで布団ようだ

もう寝袋です。いつでもどこでも寝る準備万端です。

サングラス／MOSCOT
マフラー／ENGINEERED GARMENTS
コート／SOUTH2 WEST8
パンツ／NEEDLES
ブーツ／ENGINEERED GARMENTS ×Danner
バッグ／Mulberry

2020／12／28 @銀座

ようやく仕事納めです

今年もあっという間でした。働いたなぁ！
さてと……来年はどんな服を着ようかしら？
それでは皆様、良いお年を！

ハット／ENGINEERED GARMENTS
サングラス／MOSCOT
ダウンジャケット／NEEDLES
フリース／SOUTH2 WEST8
パンツ／NEEDLES
ブーツ／ENGINEERED GARMENTS×DR.MARTENS

IRON
COFFEE

COVER

撮影　細居幸次郎
スタイリング　滝藤賢一
山﨑 徹（NEPENTHES）
ヘア&メイク　那須野 詞（Bellezza Studio）

SNAP

撮影　山田智絵（主婦と生活社）
スタイリング　滝藤賢一

デザイン　酒井好乃（I'll Products）
制作協力　伊藤生予誌（エージェントオフィス タクト）
黒木陽子（エージェントオフィス タクト）
編集　石井康博（主婦と生活社）

※本書は、全参加者の検温、消毒等をはじめ、撮影前後に感染症対策、健康管理を入念に行った上で撮影、制作を行っております。

服と賢一

滝藤賢一の「私服」着こなし218

著者　滝藤賢一

編集人　栃丸秀俊
発行人　倉次辰男
発行所　株式会社主婦と生活社
〒104-8357
東京都中央区京橋3-5-7
編集部　TEL 03-3563-5194
販売部　TEL 03-3563-5121
生産部　TEL 03-3563-5125
https://www.shufu.co.jp

製版所　東京カラーフォト・プロセス株式会社
印刷所　大日本印刷株式会社
製本所　株式会社若林製本工場

ISBN978-4-391-15538-9